DÉPÔT LÉGAL
N° 163
1867

# JEANNE D'ARC

## SIMPLE RÉCIT

PAR

## LOUIS DUCHEMIN

NANTES

VINCENT FOREST ET ÉMILE GRIMAUD

impr.-éditeurs

4, PLACE DU COMMERCE, 4.

—

1867

# JEANNE D'ARC

20699.

 Y e

I. b<sup>26</sup> rappel

# JEANNE D'ARC

## SIMPLE RÉCIT

PAR

## LOUIS DUCHEMIN

NANTES

VINCENT FOREST ET ÉMILE GRIMAUD

impr.-éditeurs

4, PLACE DU COMMERCE, 4.

—

1867.

# INTRODUCTION.

Chaque fois qu'un malheur plane et s'abat sur nous,
Nous voyons accourir un ennemi jaloux,
L'Anglais, qui, se couvrant d'un prétexte arbitraire,
Vient aggraver nos maux des horreurs de la guerre.

L'Anglais ! on put le croire à jamais terrassé :
Charles cinq, effaçant les hontes du passé,
Province par province avait refait la France ;
Et ce roi dans la tombe emportait l'espérance
Que son jeune héritier, complétant ses succès,
Chasserait du pays le dernier des Anglais :
Noble espoir, que Clisson appuyait de son glaive.
De son prince expirant partageant le beau rêve,
Un peuple libre et fort acclama Charles six :
Mais les vertus du père abandonnent le fils :

Tout fier d'avoir montré quelque éclair de courage,
De frivoles plaisirs il berce son jeune âge ;
Sa démence plus tard.... Ah ! soyons généreux :
Pardonnons nos malheurs à ce roi malheureux.
Pitié pour lui ! Mais honte à la femme adultère,
A la reine parjure, à cette indigne mère
Qui, bannissant un fils, que Dieu devait venger,
Au trône de nos rois plaçait un étranger.

Non, jamais jusqu'alors, un plus mauvais génie
Ne couvrit le Pouvoir d'autant d'ignominie !
Une reine sans cœur, sans pudeur et sans foi,
Gouvernait sous le nom d'un fantôme de roi ;
Des partis furieux, avides de vengeance,
Se massacraient aux cris de Bourgogne et de France
Sans distinction d'âge, ou de sexe, ou de rang,
Français contre Français versaient ainsi leur sang,
Quand le pays, en proie aux armes étrangères,
Avait à soutenir la plus sainte des guerres !
Une affreuse défaite à nos malheurs concourt,
L'Anglais est triomphant aux plaines d'Azincourt !
Rien ne peut désormais arrêter sa furie,
Et ce revers sanglant lui livre la patrie.

## I.

## DOMREMY.

Charles six était mort ; la France, avec effroi,
Subissait à Paris un Anglais pour son roi,
Quand de la royauté l'héritier légitime,
Exilé, n'avait plus que l'élan magnanime
De quelques preux, qui, par d'héroïques efforts,
Soutenaient la patrie en bravant mille morts.
La misère, la faim, et la guerre intestine
Unie à l'étranger, menaçaient de ruine
Notre pays, hélas ! frappé de toutes parts.
Dans Orléans, pourtant, flottaient nos étendards !
Orléans, nom sacré, la dernière barrière
Que nos preux opposaient au joug de l'Angleterre,
L'Anglais, victorieux, vint enfin l'assiéger.
Que faire, que résoudre en ce pressant danger ?

Où trouver le secours ? Où chercher l'espérance ?

— On le dit, je le crois, Dieu protége la France !

J'en rends grâce au Seigneur, car de tous ses bienfaits,

Le plus cher à mon cœur est d'être né Français. —

Le Ciel devait enfin nous être favorable,

Et jamais, non, jamais un prodige semblable

N'a révélé de Dieu la force et la bonté ;

Il voulut secourir cette antique cité,

Et d'un État captif hâter la délivrance :

Oui, Dieu nous protégea, Dieu protége la France !

 Dans les Vosges alors, au penchant des coteaux

Que la Meuse en passant arrose de ses eaux,

Domremy possédait, sous l'humble toit de chaume,

L'ange envoyé de Dieu pour sauver un royaume.

Une fille, une enfant, sans force, sans soutien,

N'ayant pour se guider que la foi du chrétien,

Du pays consterné releva l'espérance

Et fit sacrer à Reims le jeune roi de France.

Elle s'appelait Jeanne, et d'Arc était le nom,

Justement estimé, du chef de la maison.

Six personnes formaient cette honnête famille :

Le père, trois garçons, une mère et sa fille [1].

La mère l'élevait, en ce paisible lieu,

Dans l'amour du prochain et la crainte de Dieu;

Les travaux de l'aiguille et le soin du ménage

Se mêlaient aux travaux des champs, du jardinage;

Jamais un malheureux, priant sur son chemin,

Sans être secouru ne lui tendait la main;

Bien souvent elle allait mener son troupeau paître;

Seule avec ses brebis, dans le calme champêtre,

Les oiseaux à sa voix mangeaient dans son giron,

Voletaient sur sa main ou sur son chaperon.

Elle suivait parfois ses joyeuses compagnes

Non loin de Domremy, dans ces vastes campagnes

Où se trouvaient alors l'antique Bois-Chenu [2],

La Fontaine-aux-Rameaux, et cet arbre connu

Sous les noms de Beau-Mai, des Dames et des Fées;

Et là, sous ces berceaux, par la danse échauffées,

Toutes se reposaient de leurs jeux innocents,

Ou répétaient en chœur d'harmonieux accents.

Les mères citaient Jeanne aux filles pour modèle,

Elle était la plus sage, ainsi que la plus belle;

Les hommes estimaient sa grâce, son maintien,

Surtout un cœur de femme aussi pur que le sien;

Mais consacrant au Ciel son existence entière,
Jeanne, enfant, renonçait au bonheur d'être mère :
A treize ans, sa pudeur et son austérité
A Dieu vouaient son âme et sa virginité.

  Des bandes de brigands, que le meurtre accompagne,
Avec férocité parcouraient la campagne,
Pillaient et saccageaient les fruits du laboureur,
Et laissaient après eux l'opprobre et la terreur.
Secondant les Anglais, la coupable anarchie
Jusqu'en ses fondements sapait la monarchie ;
Notre pays, hélas ! réduit en fractions,
Ne comptait déjà plus parmi les nations.
De vaincre l'étranger et de sauver la France,
Le Français devait-il perdre toute espérance ?

  La nature féconde a l'horreur de la mort :
Son instinct pour la fuir fait un suprême effort.
Ce n'est qu'en combattant que l'homme à l'agonie,
Épuisé dans la lutte, abandonne la vie ;
De même en nos malheurs, la patrie en danger
Inspire à ses enfants l'espoir de la venger ;
A ce moment suprême un devoir se révèle,
Tous doivent la sauver ou périr avec elle !

Des bruits de délivrance, aussi prompts que l'éclair,
Passaient de bouche en bouche et circulaient dans l'air :
On disait avoir vu dans une prophétie,
Que la France aux abois trouverait un Messie ;
Qu'une femme, qu'un monstre au trône parvenu,
Devait perdre l'empire, et que de Bois-Chenu
Une fille, une vierge, embrassant sa défense,
Devait rendre à nos rois le royaume de France.

Jeanne s'apitoyait aux bruits de nos malheurs ;
Le Dauphin fugitif faisait couler ses pleurs ;
Elle vouait l'Anglais et ses sanglants trophées
Aux vengeances du Ciel, et, sous l'arbre des Fées,
Elle priait un Dieu de clémence et de paix,
De verser sur nos maux sa grâce et ses bienfaits.

Ce fut vers le milieu d'une belle journée,
Qu'ainsi se dévoila sa noble destinée :
Jeanne, dès le matin, au temple de Bermont [3],
En face de la Vierge avait courbé son front ;
En contemplation dans ce saint ermitage,
Où souvent elle allait faire un pèlerinage,
De la Vierge Marie elle avait, avec foi,
Imploré le secours pour la France et le roi.

Plus tard, en son jardin, à genoux sur la terre,
Sa bouche murmurait cette même prière,
Quand de vives clartés vinrent frapper ses yeux ;
Puis, une voix céleste, inconnue en ces lieux,
A son esprit ému soudain se fit entendre.
Si douce était la voix, la parole si tendre,
Qu'il lui semblait ouïr un ange du Seigneur.
Aux champs, une autre fois, priant avec ferveur,
A l'heure où le berger près du troupeau sommeille,
La même voix encor vint frapper son oreille....
Son âme a tressailli, le trouble est dans ses sens,
Son cœur a reconnu ces sublimes accents.
Elle lève en tremblant sa timide paupière,
Ses yeux sont éblouis par des flots de lumière ;
Cependant elle a vu que des anges du ciel
Entouraient de splendeurs l'archange saint Michel !
Cet aspect imposant la pénètre, l'embrase :
Tous ses sens sont frappés d'une divine extase !
Rien ne saurait troubler ni son cœur ni ses yeux,
La terre a disparu, son âme était aux cieux !
    Dans ce pieux délire, à genoux prosternée,
Jeanne au ravissement s'était abandonnée...

Alors, dans le silence et le calme des bois,
L'archange s'avançant fit entendre sa voix :
    « Jeanne, bénis le sort que le Ciel te destine ;
» Ma bouche te transmet la volonté divine ;
» Tu dois venger les maux que la France a soufferts,
» Ta main que Dieu conduit saura briser ses fers.
» Bientôt, dans Orléans que l'étranger assiége,
» Ton bras doit triompher, car le Ciel te protége !
» Obéis. Dieu le veut. Va donner à la fois
» Le repos à la France et le sceptre à ses rois. »
    Cette fille des champs, cette simple bergère,
Crut qu'une illusion, une erreur passagère,
Avait ainsi frappé son esprit et ses sens ;
Mais cette voix sublime et ces graves accents
Avec éclat encor vibraient à son oreille.
Elle voulut répondre.... O surprise ! O merveille !
Ces anges, qu'un moment elle avait aperçus,
Comme une ombre légère, ils étaient disparus.
    « Comment, se disait-elle, entreprendre un voyage?
» Je ne sais de chemin que celui du village ;
» Je travaille à la terre et garde mon troupeau,
» Et je dois de la France illustrer le drapeau !

1*

» Pourrais-je abandonner mon bon père ? mes frères ?

» Laisser dans la douleur la plus tendre des mères,

» Pour aller guerroyer et par monts et par vaux ?

» Faire couler le sang dans des combats nouveaux ?

» Moi, pauvre fille, hélas ! à qui le Ciel ordonne,

» Au malheureux Dauphin de rendre une couronne.....

» Ces anges sont déjà parmi les bienheureux,

» Ah ! je voudrais mourir et m'envoler vers eux. »

Cet ordre surhumain l'épouvante, l'irrite ;

Mais sainte Catherine et sainte Marguerite

Doivent veiller sur elle, et, jusques au trépas,

Ces saintes, en tous lieux, ne la quitteront pas.

A l'âge où l'avenir embellit toutes choses :

Age heureux, où la vie a le parfum des roses ;

Où d'un amour naissant, le charme séducteur

Par un trouble inconnu fait palpiter le cœur ;

Age où de tous ses dons, l'Auteur de la nature

Se complaît à parer sa digne créature ;

Jeanne, ange de candeur, aux charmes séduisants,

Belle de ses attraits, comme on est à seize ans,

Doit, malgré sa jeunesse et sa grâce enfantine,

De la France à jamais devenir l'héroïne !

Elle hésita longtemps; longtemps son pauvre cœur
Opposa sa famille à la voix du Seigneur.
Cet ordre, nuit et jour, la tourmentait sans cesse ;
Elle avait peine à croire aussi que sa faiblesse
Pût de sa mission atteindre la hauteur.

   Les saintes au pays étaient en grand honneur.
Dans le calme des nuits, Jeanne voyait l'image
De ces saintes du ciel, patronnes du village ;
Elle entendait leurs voix qui venaient la bénir,
Et qui lui répétaient : « JEANNE, IL FAUT OBÉIR ».
Dans ces doux entretiens Jeanne trouvait des charmes ;
Ces voix flattaient son cœur et calmaient ses alarmes ;
Pourtant elle hésitait... quand elle voit, un jour,
S'élancer avec bruit, du céleste séjour,
Un nuage enflammé, qui de pourpre étincelle
Et qui rapidement se dirige vers elle.
Elle tremble d'effroi, le ciel était en feu,
Tout semblait annoncer la colère de Dieu !
Tout à coup le nuage éclatant à sa vue,
Son œil put admirer au milieu de la nue,
Rayonnantes de gloire et de félicité,
Les saintes lui parlant avec calme et bonté [4] :

« JEANNE, IL FAUT OBÉIR. Dieu veut sauver la France;

» Pour elle, chaque jour est un jour de souffrance.

» Ne diffère donc plus ta sainte mission,

» Va, noble fille, va sauver la nation.

» A la ville d'abord ⁵, sans tarder davantage,

» Révèle au gouverneur le but de ton voyage.

» A le persuader applique-toi sans fin :

» C'est par lui que tu dois arriver au Dauphin.

» Surpassant les héros que le courage enfante,

» Dans Orléans bientôt tu seras triomphante ;

» Ton nom de l'étranger va devenir l'effroi,

» Et dans Reims, sans péril, tu conduiras le roi.

» Va, noble fille, va ; qu'importe ta faiblesse ?

» Sur toi, sur ton salut, nous veillerons sans cesse. »

C'en était fait, et Jeanne, en entendant ces mots,

Se sentait s'élever aux vertus du héros !

Son cœur ne battait plus de crainte puérile :

Il était animé d'une force virile ;

A Dieu qui l'inspirait elle veut obéir,

Et pour sauver la France elle est prête à partir.

Elle part, et sa gloire est enfin assurée,

Car tout doit protéger la divine inspirée.

Des cieux en ce moment une voix s'éleva,
Qui répéta ces mots : « Va, noble fille, va ».
    Mais doit-elle partir sans revoir son vieux père,
Ses frères, ses parents ? sans embrasser sa mère,
Sans leur apprendre à tous sa sainte mission,
Et sans avoir reçu leur bénédiction ?
Oui, oui, seule, éplorée, elle doit, en silence,
Abandonner des lieux si chers à son enfance :
Ces êtres sur son cœur auraient trop de pouvoir !
Elle partira donc, hélas ! sans les revoir.
Rassemblant à la fois sa force et son courage,
Elle s'éloigne enfin de son heureux village,
En consacrant à Dieu son fragile avenir,
Et quitte Domremy... pour n'y plus revenir.

## II.

## VAUCOULEURS.

Jeanne avait au Burey (c'est un petit village,
Qui, près de Vaucouleurs, était sur son passage),
Un oncle maternel, nommé Durand Laxart,
A qui de ses desseins elle veut faire part.
Il avait eu pour elle, en mainte circonstance,
Tant de bonne amitié, de soins, de complaisance,
Qu'elle espérait en lui trouver un protecteur,
Un guide, un second père, un aide en son labeur.
Elle se présenta dans son humble chaumière,
Et ce bon laboureur, ému par sa prière,
Fut bientôt convaincu que Jeanne, en ce moment,
Obéissait à Dieu par ce grand dévouement.
Il se chargea du soin de prévenir sa mère,
Et d'obtenir, plus tard, le pardon de son père.

Il voulut aller seul solliciter l'honneur
De conduire au plus tôt sa nièce au gouverneur,
Et de lui confier ce que la Providence,
Par elle, voulait faire en faveur de la France.
Robert de Baudricourt le reçut sans retard
Et daigna l'écouter. Hélas ! le bon Laxart
Crut que ce grand seigneur allait, dans sa sagesse,
Approuver tout d'abord les projets de sa nièce ;
Mais il lui répondit, en se moquant de lui,
Que c'était une folle, et que, dès aujourd'hui,
Après avoir bien fort souffleté cette fille,
Il la reconduisît honteuse à sa famille.

A Jeanne ce récit fit répandre des pleurs ;
Pourtant elle voulut aller à Vaucouleurs.
Son grand cœur était loin de se laisser abattre ;
D'ailleurs elle savait qu'elle aurait à combattre
D'incrédules esprits et de mauvais vouloirs
Qui devaient se briser contre ses saints devoirs.
Laxart à Vaucouleurs accompagna sa nièce,
Quoique son cœur fût plein de crainte et de tristesse ;
Déjà, dans ses projets il avait échoué,
Mais tout entier à Jeanne il s'était dévoué.

Ils partent donc tous deux pour se rendre à la ville.

Chez un simple artisan ils trouvent un asile [6] ;

De cette pauvre fille on eut d'abord pitié,

Mais pour elle bientôt on prit de l'amitié.

Qui n'eût été touché de son naïf langage,

Quand cette enfant disait : « J'ai quitté mon village

» Pour obéir à Dieu, qui veut que le pays

» Soit délivré par moi de tous ses ennemis ? »

Auprès du gouverneur on fit, avec instance,

Mille efforts pour que Jeanne obtînt une audience ;

Tous ces empressements restèrent superflus :

Jeanne devait encore essuyer un refus.

Robert de Baudricourt se montrait incrédule ;

Peut-être craignait-il aussi le ridicule,

Car de sauver la France on n'avait plus d'espoir ;

Comment penser que Jeanne en aurait le pouvoir ?

Une simple bergère ! Etait-il bien coupable

En hésitant à croire un récit incroyable ?

Et la prudence alors lui faisait une loi

De ne voir Jeanne d'Arc qu'après l'ordre du Roi. [7]

Plus un événement semble extraordinaire,

Et plus vite en tous lieux il devient populaire.

Chacun dans Vaucouleurs, avec conviction,
Ne parlait que de Jeanne et de sa mission ;
On accusait Robert de son insouciance ;
On fit tant qu'on obtint enfin une audience.
Robert, en l'accordant, n'avait peut-être agi
Que pour plaire au seigneur Bertrand de Poulengy :
D'après ce qu'on disait de cette paysanne,
Ce noble gentilhomme avait voulu voir Jeanne.
Elle entra, saluant l'un et l'autre seigneur,
Mais elle s'arrêta devant le gouverneur,
Disant : « Je viens vers vous, confiante en moi-même,
» Vous révéler de Dieu la volonté suprême !
» Dieu veut sauver la France et m'ordonne aujourd'hui
» De venir en ce lieu réclamer votre appui,
» Pour que près du Dauphin vous m'aidiez à me rendre,
» Car de ma mission le salut doit dépendre ! »
Robert de Baudricourt la reçut assez bien,
Mais il la renvoya sans lui promettre rien.
  De son peu de succès Jeanne était affligée,
Quoiqu'elle fût bien loin d'être découragée :
Ses services devaient, lui répétaient ses voix,
Etre trois fois offerts et refusés trois fois.

Cependant ces retards excitaient sa tristesse ;
Pleine d'impatience, elle disait sans cesse :
« Mon Dieu ! mais il faudra qu'on se décide enfin,
» Car déjà je devrais être près du Dauphin ;
» C'est par le Roi du ciel que je suis envoyée,
» Et cette mission par lui m'est octroyée...
» J'irai, je le verrai, fût-ce en dépit de tous,
» Quand mes jambes devraient s'user jusqu'aux genoux. »
    Par la confession, le jeûne, la prière,
Jeanne reprit le cours de sa vie ordinaire ;
Et dans le ferme espoir d'obtenir un aveu,
Elle filait, cousait et priait le bon Dieu.
De tous les environs on venait, à toute heure,
Visiter l'inspirée en cette humble demeure ;
Simple dans son langage et noble en son maintien,
Elle plaisait à tous par son doux entretien.
Baudricourt est surpris de ce concours extrême,
Et croit devoir aussi la visiter lui-même ;
De Jeanne il se repent d'avoir mal auguré,
Et vient accompagné d'un honnête curé ;
Tous deux, assez longtemps, discourent avec elle,
Et cette âme si pure à leurs yeux se révèle ;

Mais sur sa mission le gouverneur lui dit
D'attendre quelque temps pour qu'il lui répondît.

Attendre ! près des grands il faut donc, quel supplice !
Même pour les servir, attendre leur caprice !
Jeanne se désolait de ce nouveau retard.
Son oncle l'emmena voir sa femme Laxart ;
Il pensait qu'au Burey, dans ce petit village,
Au sein de sa famille elle serait plus sage ;
Que là, patiemment supportant sa douleur,
Jeanne d'Arc attendrait l'ordre du gouverneur.
Son exaltation, de ce séjour tranquille,
Au bout de quelques jours, la ramène à la ville ;
Son oncle l'accompagne, il sera son appui,
Car la foi de sa nièce était passée en lui.

Parfois elle voulait, dans son impatience,
Partir seule et braver, dans ce trajet immense,
Les périls, la fatigue, et peut-être la faim,
Dans l'espoir d'arriver plus tôt près du Dauphin.
« Attends, attends encor, Jeanne, disaient les saintes ;
» L'heure viendra, sois calme et dissipe tes craintes. »
Jean de Novelonpont, surnommé Jean de Metz,
Cité dans le pays pour ses nombreux bienfaits,

Voulut connaître aussi cette jeune bergère,

Dont on vantait partout le noble caractère.

Il vint en sa demeure et l'entretint longtemps

Des malheurs de la France et du sort d'Orléans :

Car cette ville enfin, lasse de se défendre,

Doit bientôt, disait-il, succomber ou se rendre ;

Et ce dernier rempart de notre liberté

Va briser dans sa chute, hélas ! la royauté !

— « Non, non, mon gentilhomme, ayez bonne espérance

» Dans le noble avenir du trône et de la France !

» C'est pour sauver le Prince et notre nation

» Que je suis envoyée ; et pour ma mission

» Je suis à Vaucouleurs dans une angoisse extrême ;

» Je dois voir le Dauphin avant la mi-carême,

» Et pourtant Baudricourt jusques à ce moment

» Me refuse une escorte et son consentement.

» Mais en dépit de tout, je ferai ce voyage,

» Car mon Seigneur le veut, j'en aurai le courage ! »

Jean de Metz demanda : « Quel est votre seigneur ? »

« C'est Dieu, » répondit-elle, avec tant de candeur,

Qu'aussitôt Jean de Metz, qu'un tel aveu transporte,

Lui dit : « Va, noble enfant, je serai ton escorte ! »

Et sa main dans la sienne, il engage sa foi
De la conduire seul jusques aux pieds du Roi.
Bientôt de Poulengy, que l'honneur encourage,
Veut prendre aussi sa part du périlleux voyage.
Tous trois allaient partir, se confiant à Dieu,
Lorsque du gouverneur Jeanne reçut l'aveu.

A ses nobles desseins quand tout semblait sourire,
A son père, à sa mère, elle voulut écrire;
Jeanne d'Arc souffrait trop de ce triste abandon,
Et son cœur espérait un généreux pardon.
A ces marques d'amour, sa mère est attendrie;
Jacques d'Arc résistait, mais sa fille chérie,
Que peut-être il va voir pour la dernière fois,
Il doit lui pardonner. Ce simple villageois
Avait un bon esprit, un dévouement sublime
Pour Dieu, pour son pays et son roi légitime.
Sa fille avait grandi dans son opinion :
On ne parlait que d'elle et de sa mission!
Quand Dieu vient la choisir au sein de sa famille,
Jacques doit désormais être fier de sa fille;
Et tous à Vaucouleurs ils vont se réunir,
Pour l'embrasser encor, l'aimer et la bénir.

De revoir ses parents Jeanne est folle d'ivresse,
Car chacun sur son cœur avec amour la presse ;
Son père a pardonné, sa mère la bénit,
Elle possède enfin tout ce qu'elle chérit !
Son père, pour l'aider dans sa rude carrière,
Lui donne un de ses fils, Pierre, son jeune frère.
A ses plus chers désirs tout le monde concourt :
Une escorte s'apprête, et Robert Baudricourt
Recommande au Dauphin cette jeune héroïne,
Qu'au salut du pays l'avenir prédestine !
Elle prend du guerrier le noble vêtement,
Et se rend sur la place en cet équipement.
Aux acclamations de la foule attroupée,
Robert de Baudricourt lui présente une épée ;
Fière de la porter, elle donne sa foi
De servir en tous lieux son pays et son roi.
Il ne lui manque rien, son bonheur est extrême,
Car elle voit parents, amis, tout ce qu'elle aime :
L'hôtesse Catherine, au bon et noble cœur ;
Le prêtre Jean Collin, son digne confesseur.
La ville tout entière, admirant son courage,
Faisait des vœux au ciel pour son heureux voyage ;

Car on n'ignorait pas que beaucoup d'ennemis
Autour de Vaucouleurs gardaient tout le pays.
Craignant qu'elle ne fût victime de son zèle,
Une tendre pitié s'inquiétait pour elle :
En route, disait-on, le péril est certain !
Et Jeanne répondait : « Dieu fera mon chemin. »
—Partir, si jeune, hélas !—«Que voulez-vous? Peut-être
» Etait-ce pour cela que le ciel me fit naître!... » —
Mais elle part enfin, pleine d'émotions,
En emportant de tous les bénédictions.

Eu elle si chacun mettait son espérance,
Baudricourt n'avait pas la même confiance ;
Aussi dans ses adieux, sa bouche proféra
Ces mots : « Va, jeune fille, advienne que pourra. »

### III.

## CHINON.

Sept personnes formaient cette petite escorte
Qui devait guider Jeanne et lui prêter main-forte.
C'était : de Poulengy, Pierre d'Arc, Jean de Metz,
Richard, Colet de Vienne et, de plus, deux valets.
Le chemin était long [s], la route aventureuse,
L'Anglais, le Bourguignon, la rendaient dangereuse ;
On se cachait le jour, on voyageait la nuit :
Car Jeanne seule a foi dans Dieu qui la conduit.
Arrivant à Gien on se sentit à l'aise ;
Le pied foulait enfin une terre française,
Et ne redoutant plus l'Anglais, le Bourguignon,
Sans crainte l'on suivit la route de Chinon.

Chinon, en ce moment, était la résidence
Où, comptant sur ses preux et sur la Providence,

Le Dauphin attendait la chance des combats,
Espérant sans danger rentrer dans ses États.

Ainsi qu'un incendie, aux flammes vacillantes,
Lançant dans mille endroits des matières brûlantes,
Que le vent dans les airs fait luire et flamboyer,
Va propageant ses feux bien loin de son foyer ;
Ainsi la Renommée, active, grandissante,
Fait entendre soudain sa voix retentissante,
Qui, vibrant dans les airs et sur l'aile des vents,
Vole et porte en tous lieux les grands événements.
On disait à Gien : Jeanne a passé la Loire ;
On connaissait déjà sa merveilleuse histoire :
Que cette vierge enfant, venant de Vaucouleurs,
Avec l'aide de Dieu, finirait nos malheurs.
Jusque dans Orléans, que l'étranger harcèle,
Ces bruits étaient entrés annonçant la Pucelle ;
Cet espoir à Chinon s'était accrédité ;
Tout semblait respirer un air de liberté.

Arrivant à Fierbois, au milieu du village,
Nos pieux voyageurs virent sur leur passage
Un temple vénéré s'élever devant eux ;
A sainte Catherine on y portait ses vœux.

Jeanne d'Arc, à genoux devant cet édifice,

Veut y remercier sa sainte protectrice,

Et va lui demander que des bienfaits nouveaux

Viennent l'aider encor dans ses nombreux travaux.

   Au terme du voyage avec joie on arrive ;

Le Roi fut prévenu, par une humble missive,

Que Jeanne demandait instamment à le voir.

La reine sans retard voulait la recevoir ;

Mais il fallait du Roi gagner la confiance,

Avant que Jeanne d'Arc obtînt une audience ;

Car cet enthousiasme, en tout lieu propagé,

Par tous les conseillers n'était pas partagé,

Et cet instinct du peuple, en ce péril extrême,

N'avait pas su convaincre encor le Roi lui-même.

Le Conseil réuni donna son sentiment,

Pour savoir si le Roi pouvait, licitement,

Agréer les projets de cette jeune fille,

Sans connaître d'abord ses mœurs et sa famille.

De reproches futurs serait-il à couvert,

Par les renseignements qu'avait donnés Robert ?

Non. Il veut qu'une enquête alors soit ordonnée ;

Que Jeanne se présente et soit examinée.

Mais dans cet examen, Jeanne ne répondit
Rien que cent fois, ailleurs, elle n'eût déjà dit :
Que par elle le Ciel voulait, dans sa clémence,
Délivrer Orléans et protéger la France ;
Et que sa mission lui faisait une loi
D'aller jusques à Reims faire sacrer le Roi.

Plus on interrogeait cette jeune bergère,
Plus on se convainquait que Jeanne était sincère ;
Dans son pays natal, ainsi qu'à Vaucouleur,
Tous les renseignements étaient en sa faveur.
Tout seconde à la fois sa juste impatience,
Et le Roi va bientôt lui donner audience ;
Car de ces questions, de ces longs entretiens,
De ces savants docteurs, de ces logiciens,
Jeanne sait triompher, sans que rien ne l'émeuve...
Elle devait subir encore une autre épreuve,
Mais au fond de son cœur le Roi la réserva.

De se rendre au château l'ordre enfin arriva.
Dans un grand appareil Jeanne était attendue ;
De riches ornements la salle était tendue ;
Des torches, des flambeaux montraient avec éclat
La foule des seigneurs en habit d'apparat ;

De nombreux chevaliers, d'une haute naissance,
Brillaient par leur armure et leur magnificence;
Parmi les courtisans, secondant son dessein,
Sans aucun attribut se cachait le Dauphin.
Quand devant cette cour, à Chinon transportée,
Jeanne par un des grands fut enfin présentée,
Son âme se troubla de crainte et de respect;
Un instant éblouie à ce sublime aspect,
Elle avance en tremblant, mais bientôt rassurée
Par ses voix, dont toujours elle était entourée,
Elle porte les yeux sur ce cercle brillant,
Qui sur elle fixait un regard bienveillant;
Et confiante en Dieu, dont son instinct découle,
Sans hésitation elle fendit la foule.
Plus d'un cœur tressaillit, plus d'un œil se mouilla,
Quand allant droit au Prince, elle s'agenouilla;
Disant, la joie au cœur : « Gentil roi, Dieu vous donne
Bonne vie, et vous rende enfin votre couronne. »
— « Vous vous trompez, ma belle, en venant jusqu'à moi, »
Et montrant un seigneur, il dit : « Voici le Roi. »
— « Non, non, gentil Dauphin, c'est vous et non pas autre;
» Cette gloire est à vous, et ce titre est le vôtre. »

2*

De feindre plus longtemps il était superflu,
Et chacun vit qu'au Roi cette fille avait plu.
Pourtant il hésitait. « Seigneur Dauphin, dit-elle,
» Pourquoi douter? J'ai nom Jeanne d'Arc la Pucelle ⁹,
» Et, de la part de Dieu, je viens de Domremy,
» Pour combattre l'Anglais, votre grand ennemi.
» Voilà déjà longtemps que la vengeance chôme ;
» Le ciel prend à merci vous et votre royaume :
» Saint Louis, Charlemagne, ont si bien prié Dieu ,
» Qu'il n'a plus de colère, et pour signe, avant peu
» Orléans sera libre, ayez-en l'assurance,
» Et je ferai dans Reims sacrer le roi de France ! »
Jeanne, en qui désormais le Dauphin avait foi,
N'était qu'une bergère et Charle était un roi !
    A Jeanne ayant donné toute sa confiance,
Le Dauphin voulut voir si cette prescience,
De son âme sondant toute la profondeur,
Trouverait un secret renfermé dans son cœur.
Dieu seul et lui savaient cet important mystère,
Un intérêt puissant le forçait à le taire.
Cette triste pensée, et les nuits et les jours,
Sans cesse à son esprit se présentait toujours.

Enfin il se décide et veut consulter Jeanne ;

Et sans être entendus, le roi, la paysanne,

Remplis d'émotion conversent à l'écart,

Pendant que les seigneurs les suivent du regard.

Le Roi semblait heureux, puis parfois semblait craindre,

Quand Jeanne dit plus haut, lasse de se contraindre :

« Je le répète encor, toi seul es le Dauphin,

» Le fils de Charles six, et notre souverain .[10] »

Le Roi revint bientôt, son âme était troublée ;

Un silence inquiet régnait dans l'assemblée ;

Charles prenant alors cette enfant par la main :

« Messieurs, je vous présente un être plus qu'humain,

» Car il a dévoilé le plus profond mystère

» Qu'un homme, quel qu'il soit, puisse cacher sur terre.

» De cette enfant, Messieurs, bénissons le concours ;

» De Dieu qui nous l'envoie, acceptons le secours ;

» Je mets dès ce moment tout mon espoir en elle ;

» Oui, nous triompherons par Jeanne la Pucelle ! »

D'après cet entretien, on comprendra pourquoi

Jeanne avait tant donné de confiance au Roi ;

Mais il fallait convaincre encor les incrédules :

Avec raison le Roi craignait les ridicules.

Les ris, les quolibets, les sarcasmes plaisants,
Qui viendraient accabler un roi de vingt-six ans,
Envoyant à l'armée un généralissime
De dix-huit ans à peine, être pusillanime,
Pauvre fille des champs, heureuse en son hameau,
Qu'on aurait dû laisser à tourner son fuseau.
Le Roi rechercha donc, en cette circonstance,
Dans quelque grand pouvoir une utile assistance ;
Il espérait surtout que l'appui du clergé
Lui ferait aisément vaincre tout préjugé.
On dut jusqu'à Poitiers conduire la Pucelle,
Pour y subir encore une épreuve nouvelle.
Dans cette ville alors, une université
Siégeait avec éclat, honneur et dignité ;
Le parlement français, qu'on avait par prudence
Éloigné de Paris, y faisait résidence ;
Des théologiens, des prêtres, des docteurs,
Furent de Jeanne d'Arc les examinateurs.
Justement inquiet de cet arrêt suprême,
Charles jusqu'à Poitiers se transporta lui-même ;
Car cet aréopage, en qui l'on avait foi,
Par sa décision devait fixer le Roi.

On l'examina donc, et Jeanne resta pure,
Exempte de méfaits, ainsi que d'imposture.
— « Si Dieu, lui disait-on, veut bien nous protéger,
» Qu'a-t-il besoin de vous pour vaincre l'étranger? »
— « Mais nous bataillerons, disait-elle, et sa gloire
» Sera de nous donner une prompte victoire. »
De tous ces examens tel fut le résultat,
Que Jeanne en ce moment pouvait sauver l'État.
Le peuple murmurait de tant de défiance,
Car dans sa mission il avait confiance;
Comme un dernier espoir contre les assiégeants,
Dunois la demandait enfin dans Orléans.

De la noble cité la défense était vaine;
La France succombait! Nulle puissance humaine,
Au trône florissant de ses nobles aïeux
N'eût ramené le Roi sans un secours des cieux:
Ses fidèles sujets n'avaient plus d'espérance,
Et le Dauphin voulait abandonner la France!
Hélas! il était temps, dans ces malheureux jours,
Que Jeanne nous donnât ce céleste secours.

## IV.

## ORLÉANS.

D'après tous les rapports qu'il avait eus sur elle,
Le Conseil décida d'employer la Pucelle,
Et son avis était que, sans perdre de temps,
Il fallait à tout prix secourir Orléans.
Le soin le plus urgent et le plus efficace
Etait d'aller alors ravitailler la place.
A Jeanne on confia, pour son premier emploi,
Le périlleux honneur d'y conduire un convoi.
Si son bras mène à bien une telle entreprise,
C'est signe, disait-on, que Dieu la favorise ;
Car Orléans était d'un difficile accès,
Et ses saintes avaient garanti le succès.
   On lui fait préparer une légère armure ;
Jeanne l'accepte, et veut que le roi lui procure

Une épée enfouie au temple de Fierbois,
Et qui pour ornement devait porter cinq croix.
Elle indiqua le lieu, puis on la trouva telle
Qu'avec conviction l'annonçait la Pucelle.
Elle voulut aussi porter un étendard ;
Le lis, sur un fond blanc, l'ornait de toute part ;
Au milieu, le Sauveur assis sur un nuage ;
Deux anges à genoux adoraient son image ;
Ils tenaient à la main notre héraldique fleur,
Et de sauver la France ils priaient le Seigneur.
« Porte cet étendard, lui répétaient les saintes,
» Par lui tu braveras les mortelles atteintes ;
» De par le Roi des cieux ne crains pas le danger,
» Porte cet étendard, il doit te protéger ! »
    La Pucelle eut le rang d'un général d'armée ;
On monta sa maison, sa garde fut formée ;
Le sire Jean d'Aulon, un brave chevalier,
Devait veiller sur elle et fut son écuyer ;
Hérauts d'armes, valets, maître d'hôtel et pages,
De Jeanne complétaient ainsi les équipages ;
Un prêtre vénéré, pris dans Saint-Augustin,
Frère Jean Pasquerel, devint son chapelain.

Jeanne selon ses vœux commençait sa carrière :
Sous les murs d'Orléans, théâtre de la guerre,
Sa noble impatience allait porter ses pas...
Déjà son cœur brûlait de voler aux combats !
Blois fut le rendez-vous, où, d'espoir animée,
Jeanne arriva bientôt pour commander l'armée.
La Hire, de Boussac, de Retz et d'autres preux
Vinrent donner aussi leur appui valeureux.
Jeanne parut au camp avec sa blanche armure;
D'un bonheur concentré rayonnait sa figure !
Son front plein de candeur, son œil plein de fierté,
Ce mélange de force et de timidité,
Sa confiance en Dieu sur son visage empreinte,
Les merveilleux récits de sa mission sainte,
Tout lui gagne les cœurs; aussi, de toute part,
Les vœux les plus ardents provoquaient le départ.

Dans le but d'éviter une guerre acharnée,
Jeanne dicte une lettre, à l'Anglais destinée :
« Dieu le veut ! Hors de France il doit être banni;
» Son règne désastreux est à jamais fini.
» Oui, le Français veut vivre en paix sur cette terre.
» Comme l'Anglais chez lui peut vivre en Angleterre

» En ami qu'il s'en aille , il en est encor temps ;
» Sinon, il périra sous les murs d'Orléans. »

Cette première lettre, où Jeanne d'Arc annonce
Ses suprêmes desseins , n'aura pas de réponse ;
L'Anglais à cet écrit se montre dédaigneux ,
Tant il se croit certain d'être victorieux.

Au moment du départ, un vaillant capitaine ,
D'Illiers, et des guerriers que leur bravoure amène ,
Tous fiers en ce péril de trouver un emploi ,
Viennent solliciter la garde du convoi.
Mais leur concours pouvait nous être plus utile ,
Car d'Illiers connaissait les abords de la ville ;
Il fallait avant tout, malgré les assiégeants ,
Tenter de pénétrer jusque dans Orléans ,
Ranimer notre armée, et porter la nouvelle
Que bientôt dans ses murs paraîtrait la Pucelle.
Ce projet périlleux est soudain accepté ;
Bientôt avec bonheur il est exécuté :
Ces braves, des Anglais trompant la surveillance,
Dans la noble cité vont porter l'espérance.
Faible était le renfort, mais les Orléanais
Acceptent ces guerriers comme un premier succès ;

Car puisque dans leurs murs cette troupe est entrée,
Leur cause n'est donc pas encor désespérée !

A Blois, dans un conseil, on eut à discuter
La route, les moyens que l'on devait tenter,
Et la rive à choisir pour côtoyer la Loire.
Admise avec honneur dans le noble auditoire,
Jeanne se prononça pour le plus court chemin :
— L'Anglais devait céder après un coup de main. —
« Ce moyen est plus sûr et plus prompt », disait Jeanne;
Mais ce hardi dessein, que chaque chef condamne,
Sembla plein de péril et fut mis à l'écart,
Sans qu'on en prévînt Jeanne : au moment du départ,
Quand on passa le fleuve, elle garda l'idée
Qu'on poursuivait encor la route décidée.

La crainte des Anglais fit prendre des détours,
Cependant ce trajet fut fait en quelques jours.
Quand, devant Orléans, Jeanne aperçut la Loire,
Qui déroulait ses flots entre elle et la victoire :
— « Ah ! vous m'avez déçue, et vous avez eu tort!
» N'importe ! malgré vous, Dieu sera le plus fort ! »
Et les chefs, comprenant la faute par eux faite,
Devant Jeanne irritée, humbles, courbaient la tête.

On avait dans ce lieu préparé des bateaux,
Parce qu'on trouvait là les plus profondes eaux.
Chaque barque pouvait approcher du rivage,
Être chargée à l'aise et trouver un passage ;
Mais on avait ainsi compté sans les Anglais,
Qui, gardant l'autre bord, en défendaient l'accès.
Nous ne savions que faire, arrêtés sur la rive,
Quand Dunois, d'Orléans en ce moment arrive.
Il demande les chefs et veut les consulter
Sur le meilleur parti qu'on pourrait adopter...
— « Mon très-noble seigneur, est-ce vous qu'on appelle
» Le Bâtard d'Orléans ? » demanda la Pucelle.
— « Oui, répondit Dunois, et joyeux de vous voir. »
— « Dieu vous garde, beau chef, mais je voudrais savoir
» Pourquoi vous nous avez fait prendre ces parages. »
— « C'était l'opinion des hommes les plus sages. »
— « Nous ne nous verrions pas arrêtés en ce lieu,
» Si l'on avait voulu suivre l'avis de Dieu. » —
     Le Bâtard d'Orléans ne savait qu'entreprendre :
» Si plus haut, disait-il, nous avions pu nous rendre,
» Aidés par les Français du château de Chécy,
» Des Anglais, en ce lieu, nous n'aurions nul souci. »

Mais on avait besoin, dans cette rude épreuve,
Que le vent nous aidât à remonter le fleuve.
Le vent était contraire, et, pour garder les bords,
Les grèves menaçaient d'arrêter nos efforts.
Nous perdions tout espoir, mais la noble Pucelle,
Pour nous encourager, employait tout son zèle,
Et, lorsque contre nous tout semblait conspirer,
Elle disait qu'en Dieu nous devions espérer.
— « Apprêtez-vos bateaux. » — « Mais la Loire est trop basse. »
— « Dieu la fera monter, car si grande est sa grâce ! »
— « Mais le vent est contraire. » — « Eh ! Dieu le changera. »
— « Nous craignons les Anglais. » — « Pas un ne bougera. »
O mystère divin que cette enfant dévoile !
Le vent change à l'instant et gonfle chaque voile ;
Le marinier joyeux lève l'ancre, aussitôt
La barque se soulève et vogue sur le flot.
Près le fort de Saint-Loup les bateaux s'engagèrent ;
A les inquiéter les Anglais ne songèrent ;
Le chenal les ramène en face de Chécy,
Où bientôt le convoi sans peine arrive aussi.
Au rivage, avec soin, chaque barque est rangée,
Et, de munitions et de vivres chargée,

Passe aussitôt le fleuve et gagne l'autre bord ;

Puis l'escorte à son tour s'embarque et touche au port.

Généraux vigilants, Dunois et la Pucelle

Passèrent les derniers, dans la même nacelle.

Le convoi désormais étant hors de danger,

Jeanne sur Orléans voulut le diriger.

On partit vers le soir, on voyagea par terre ;

La prudence imposait le plus profond mystère,

Car il fallait surtout éviter les Anglais ;

Mais de la ville, alors, un parti de Français,

Simulant une attaque, avait, avec adresse,

Retenu l'ennemi près de sa forteresse,

Et la noble Pucelle, ainsi que tous ses gens,

Sans être inquiétée, entra dans Orléans.

Sur un grand cheval blanc, Jeanne, en blanc tout armée,

Se montrait gracieuse en guerrier transformée ;

Devant elle un soldat portait son étendard,

Qui de tous les côtés attirait le regard ;

Retz, La Hire et Dunois, qui chevauchaient près d'elle,

D'une voix éclatante annonçaient la Pucelle ;

A la suite venaient chevaliers et seigneurs,

Et de la ville enfin les vaillants défenseurs.

La foule, sur leurs pas courant avec ivresse,
Exprimait son bonheur par des cris d'allégresse ;
Près d'elle se pressaient femmes, vieillards, enfants ;
Tous voulaient à l'envi baiser ses vêtements,
L'appelant leur sauveur ! Elle, toujours modeste,
Leur disait d'espérer en la bonté céleste.
Le peuple la suivit au temple du Seigneur,
Où des milliers de voix répétèrent en chœur
Un pompeux *Te Deum*. La joie universelle,
En rendant grâce aux Cieux, exaltait la Pucelle.

Jeanne, le lendemain, au lever du soleil,
Obtint qu'on rassemblât aussitôt le Conseil ;
Car de nos ennemis méprisant le sarcasme,
Et mettant à profit le noble enthousiasme
Que lui montraient l'armée et les Orléanais,
Elle voulait soudain attaquer les Anglais.
Le Conseil décida qu'il convenait d'attendre
Les renforts qui vers nous devaient bientôt se rendre.
Sur son ordre partit le comte de Dunois,
Pour dépêcher l'armée en ce moment à Blois.

Mais durant ce délai, Jeanne, toujours active,
Envoie à l'ennemi sa deuxième missive.

Espérant arrêter l'effusion du sang,

Sa voix, de la prière empruntant l'humble accent,

Sollicite la paix, comme un bienfait insigne ;

Puis, contre les Anglais prenant un ton plus digne,

Les somme de quitter un dessein criminel,

Ou les menace tous des vengeances du ciel.

A sa sommation, soit feinte, soit délire,

L'ennemi répondit par l'insulte et le rire ;

Disant que la vachère, aux yeux si séduisants,

Par lui serait brûlée au milieu d'Orléans.

De ces lâches propos Jeanne fut indignée :

S'il ne faut que mourir, son âme est résignée,

Mais un grand cœur répugne à d'ignobles douleurs,

Et, seule dans sa chambre, elle versa des pleurs.

Avant de se résoudre à prendre l'offensive,

Jeanne veut faire encore une autre tentative :

Sur le pont d'Orléans il existait un fort [11],

Si près de l'ennemi, que, sans un grand effort,

On pouvait en parlant de lui se faire entendre.

Dédaignant tout péril, elle a voulu s'y rendre,

Et monte, sans escorte, au plus haut des remparts.

Où l'Anglais à l'instant dirige ses regards.

Jeanne, calme et debout, s'efforce à lui transmettre
Les exhortations que renfermait sa lettre ;
Mais de l'autre redoute, éclatent à la fois
Des blasphèmes, des cris, qui, dominant sa voix,
Rendent, par leur fureur, sa démarche inutile.
Deux généraux anglais, le bâtard de Grasville
Et le sir Glacidas[12], ardents à l'attaquer,
Par leur acharnement se faisaient remarquer,
Et, vomissant contre elle une injure grossière,
La traitaient d'intrigante et d'indigne sorcière,
Appelant nos soldats lâches et mécréants,
Qui ne rougissaient pas, pour défendre Orléans,
D'avoir mis à leur tête une fille vendue,
De basse extraction, débauchée et perdue.
Jeanne ne peut tenir à tant d'atrocités,
Et sa pudeur leur crie : « Infâmes ! vous mentez !
» Ennemis orgueilleux, oui, je vous le déclare,
» Dans peu j'aurai chassé votre horde barbare ;
» La France sera libre, et toi, toi, Glacidas,
» Je te le jure ici, tu ne le verras pas ! »
    Par tant de vils propos, nous insultant sans cesse,
L'Anglais à son insu dévoilait sa faiblesse ;

3*

A nous injurier il bornait ses exploits,
Quand le siége durait déjà depuis sept mois ;
Quand par un plein succès, nous avions, à sa face,
Devant ses bastions, ravitaillé la place ;
Et que dans la cité, de nombreux défenseurs
Pénétraient chaque jour malgré nos oppresseurs :
L'Anglais déguisait mal cette frayeur mortelle,
Que déjà dans son camp répandait la Pucelle ;
Car si l'enthousiasme animait nos soldats,
Les siens semblaient alors éviter les combats.
  Chez nous pourtant se glisse un peu de défiance ;
Le retard des renforts promis à leur défense
Irrite les soldats et les fait murmurer ;
Mais la Pucelle est là, qui vient les rassurer.
— « Une troupe d'élite, à nos succès utile,
» Marche à grands pas, dit-elle, au secours de la ville. »
On apprit, en effet, et presque en même temps,
Que déjà ce renfort était près d'Orléans.
A peine a-t-on reçu cette heureuse nouvelle,
Qu'à cheval aussitôt La Hire, la Pucelle,
Et nombre de guerriers, que l'on voit accourir,
Se portent en avant, afin de secourir

Les Français, qui bientôt, devant une redoute,
Peuvent, par les Anglais, être arrêtés en route.
Devant leurs bastions, Jeanne brave la peur.
L'Anglais semble frappé d'une lourde stupeur :
Un pouvoir surhumain enchaîne son courage,
Et donne à nos guerriers un facile passage.

Jeanne les conduisit, sans autres accidents,
Devant le peuple en joie au milieu d'Orléans,
Et dit, d'une voix forte et d'espoir animée,
Qu'avec l'aide de Dieu, notre vaillante armée
Devait, avant cinq jours, par d'éclatants succès,
Loin des murs d'Orléans repousser les Anglais.

Quelques heures plus tard, Dunois vit la Pucelle
Et lui dit qu'il venait d'apprendre la nouvelle
Que Falstoff, un Anglais, et l'un des plus vaillants,
Celui qui nous vainquit au combat des Harengs,
Venait, accompagné de renforts et de gloire,
Dans le camp ennemi ramener la victoire.
Jeanne parut joyeuse et dit : « Bâtard, Bâtard,
» De sa présence au camp instruis-moi sans retard,
« Et crois qu'à nos succès l'ennemi de la France
» Ne doit plus opposer qu'une vaine défense. »

## SAINT-LOUP.[1]

La ville était tranquille, et rien, en ce moment,
Ne faisait présumer le moindre événement.
Les soldats réunis, qu'un même esprit rassemble,
Parcourant la cité, fraternisaient ensemble ;
Car, pour fêter ce jour, on avait, jusqu'au soir,
Du service ordinaire allégé le devoir.
Jeanne, après son succès cherchant la solitude,
N'avait pour la journée aucune inquiétude ;
Chez elle, fatiguée et de corps et d'esprit,
D'un paisible sommeil bientôt elle dormit.
Dans un calme profond, près de notre héroïne,
D'Aulon dormait aussi dans la chambre voisine ;
Quand Jeanne, tout à coup, se réveille en sursaut
Et de sa couche à terre elle n'a fait qu'un saut.
Elle crie, elle court, son cœur est en alarmes ;
Elle appelle d'Aulon et demande ses armes,
Commandant que l'on donne au plus vite l'éveil ;
Car elle avait appris de son divin Conseil.

Que le sang précieux, le noble sang de France
Coulait hors de la ville et demandait vengeance !
Pasquerel et d'Aulon bientôt sur le palier
Arrivent, mais déjà, franchissant l'escalier,
Elle s'agite et crie en appelant son page,
Qui, bien tranquillement, causait sur son passage ;
« Hélas ! méchant garçon, dit-elle vivement,
« Qui ne m'éveillez pas, tandis qu'en ce moment
» Le sang de France coule ! Apprêtez au plus vite
» Mes armes, mon cheval. » Tant de lenteur l'irrite,
Et, prompte, elle remonte, elle gronde ses gens,
Qui tous, pour la servir, se montrent diligents ;
D'Aulon lui met son casque, un autre sa ceinture,
Mais avant que l'on ait complété son armure,
Sur son blanc destrier s'élançant, — aussitôt,
Sa bannière à la main, elle part au galop.

    Son instinct la guidant où le soldat besogne,
Elle court tout d'un trait à la porte Bourgogne,
Et ce chemin, pourtant, dont elle avait fait choix,
Par elle était suivi pour la première fois.
Son page et Jean d'Aulon, pour lui prêter main-forte,
La joignirent bientôt auprès de cette porte,

Où les Français en fuite, obstruant les abords,
Arrêtaient, un moment, sa course et ses efforts.

Ce combat, qui donnait de si vives alarmes,
Était le résultat d'une sortie en armes
Faite par des Français, sans dessein arrêté
Et sans commandement des chefs de la cité.
Ils avaient à Saint-Loup surpris avec adresse
Un ouvrage avancé de cette forteresse ;
Ils s'étaient bien battus, et de taille et d'estoc
Ils avaient culbuté l'Anglais au premier choc ;
Mais trop faibles de nombre, ils s'étaient vus ensuite
Refoulés loin du fort et contraints à la fuite.
On emportait déjà bon nombre de blessés :
Jeanne les vit gisants sur le sol entassés,
Et ce sang précieux, ce noble sang de France,
Qui, pendant son sommeil, lui demandait vengeance,
Coulait devant ses yeux !... Maudissant tous délais,
Seule, elle aurait voulu courir sus aux Anglais ;
Quand arrivent ensemble et Dunois et La Hire,
Et d'autres chevaliers que le courage inspire,
Ramenant avec eux jusqu'au dernier fuyard :
Et tous sont ralliés près de son étendard.

De la porte Bourgogne ayant franchi la grille,
Jeanne entraîne sa troupe au pied de la bastille,
Où le combat s'engage avec acharnement,
Car l'ennemi d'abord se battait bravement.
Tout à coup devant lui se montre la Pucelle !
Il s'arrête indécis; son courage chancelle.
Talbot qui voit de loin tous les Anglais plier,
Avec quelques renforts prétend les rallier ;
Il était garanti par une autre redoute,
Et croyait nous surprendre et nous mettre en déroute.
Il part, accompagné de ces mêmes soldats
Qui nous avaient vaincus naguère en cent combats;
Il voulait à tout prix secourir la bastille ,
Mais il a devant lui Jeanne, la noble fille
Qu'il avait dédaignée en mainte occasion ,
Qui l'attend et le brave au pied d'un bastion.
Talbot reste surpris en voyant cette armée,
En ordre de bataille et d'ardeur enflammée ;
Pour nous intimider il fait de vains efforts,
Mais, craignant pour lui-même, il rentre dans ses forts,
En laissant à Saint-Loup ses gens dans la détresse.
Pénétrant sans efforts dans cette forteresse ,

Nos soldats furieux, qu'enivre leur succès,

Égorgent sans pitié presque tous les Anglais.

Un petit nombre seul, implorant la Pucelle,

Fut soustrait à leur coups et protégé par elle.

Jeanne de ce triomphe eut la plus large part ;

Toujours au premier rang flottait son étendard.

S'il donnait aux Français la foi la plus fervente,

Parmi les ennemis il portait l'épouvante ;

Et quand l'Anglais tombait près de lui terrassé,

Pas un de nos guerriers n'avait été blessé.

De Jeanne l'on citait l'ardeur et le courage,

Et surtout son sang-froid au milieu du carnage,

Digne d'être envié des plus vaillants soldats

Que l'honneur a cent fois guidés dans les combats.

Enfin dans tous les rangs on vantait la Pucelle,

Et les cœurs s'enflammaient de dévoûment pour elle.

Chacun se racontait le fait miraculeux,

Ses voix qui l'instruisaient d'un échec désastreux,

Et seules la guidaient, sur un coursier rapide,

Près des Français frappés par le fer homicide....

Ces récits merveilleux, répétés avec foi,

Dans le camp des Anglais redoublèrent l'effroi.

La prise de Saint-Loup fut un heureux présage ;
L'armée avait montré tant d'ardeur, de courage,
Qu'on voulut profiter de ce sublime élan,
Pour attaquer soudain le fort Saint-Jean-le-Blanc.
Jeanne, peu faite encore aux horreurs de la guerre,
Sollicite toujours cette paix qu'elle espère ;
Son cœur souffre de voir couler le sang humain,
Et l'on devait se battre encor le lendemain !
Si son triomphe est sûr, son âme généreuse
En obtenant la paix eût été plus heureuse.
Des remparts ennemis elle ose s'approcher,
Et fait lancer un trait par un habile archer ;
Un papier entourant la flèche meurtrière,
Porte son dernier vœu, sa dernière prière.
L'Anglais reçoit soudain l'écrit mystérieux,
Et chacun pour le voir s'empresse, curieux.
Vaine espérance, hélas! L'Anglais, dans sa furie,
A l'insulte, à l'outrage a joint la raillerie ;
Jeanne d'Arc indignée alors se retira,
Et de tant d'infamie, émue, elle pleura :
Prenant Dieu pour témoin, que son désir sincère
Eût été d'arrêter les malheurs de la guerre !

Bientôt elle se calme et dit que son Seigneur,
En entrant dans son âme, a consolé son cœur.


## LES AUGUSTINS.


Le lendemain matin, brûlant d'un nouveau zèle,
L'armée au rendez-vous attendait la Pucelle.
Le fort Saint-Jean-le-Blanc, qu'on devait attaquer,
Nous donnait sur la Loire un lieu pour débarquer.
La prise de ce fort offrait cet avantage
Qu'elle nous assurait du fleuve le passage,
Et que de chaque rive alors, avec succès,
Nous pouvions arrêter la marche des Anglais.
Par la porte Bourgogne on sortit de la ville ;
On devait aborder dans une petite île,
Sur la gauche du fleuve, assez près de son bord,
Et de Saint-Jean-le-Blanc peu distante du fort.
La troupe s'embarqua non loin de la Tour-Neuve ;
Sans être inquiétée elle passa le fleuve,
Et se rendit au lieu de son débarquement.
Deux bateaux en travers, liés étroitement,

Forment un petit pont entre la terre et l'île,
Et livrent à l'armée un passage facile.
Redoutant une attaque en voyant nos apprêts,
L'ennemi prudemment se dérobe à nos traits,
Et s'enfuit aussitôt dans ses deux citadelles,
Le fort des Augustins et celui des Tournelles.
  Ce succès, trop facile et si peu disputé,
Pouvait cacher un plan par l'Anglais concerté :
Les généraux craignaient que de la rive droite,
Il ne vînt sur nos pas par une marche adroite ;
Nos soldats peu nombreux les rendaient incertains
Sur le sort d'un combat au fort des Augustins ;
Et leur avis était, de peur d'une surprise,
De ne pas hasarder une telle entreprise :
Il leur semblait prudent d'attendre du renfort,
Pour attaquer plus tard et l'un et l'autre fort.
Jeanne ne voulut pas retourner en arrière,
Car il aurait fallu repasser la rivière ;
Et près des Augustins, au pied du boulevard,
Elle alla bravement planter son étendard.
Quelques hardis guerriers coururent à sa suite.....
Mais un cri qu'on poussa les mit soudain en fuite :

Les Anglais, disait-on, sur le fleuve passaient,
Et déjà, pour nous joindre, en hâte s'avançaient.
Jeanne voit les Français en fuite et les rappelle...
A revenir dans l'île on force la Pucelle.
Sur le passage étroit se pressent nos soldats !
Les Anglais, de leur fort, voyant cet embarras,
Se jettent sur nos gens, que le désordre livre
A leur rage effrénée, ardente à les poursuivre.
Un moment nos guerriers arrêtent leur fureur ;
Mais bientôt culbutés, tous cèdent à la peur.
Auprès du pont flottant que le soldat encombre,
Les Français sont frappés, accablés par le nombre...
Soudain dans un bateau Jeanne d'Arc a sauté ;
La Hire, qui la suit, près d'elle s'est porté :
Et, tenant tous les deux leurs chevaux par la bride,
Sur la rive bientôt, d'un élan intrépide,
S'élancent hardiment au milieu des Anglais.
A ce choc, l'ennemi, pensant que les Français
Reviennent plus nombreux, abandonne la place.
Les nôtres aussitôt accourent sur sa trace,
Honteux de leur échec et brûlant de courroux ;
Un grand nombre d'Anglais expirent sous leurs coups,

Car, sans se relâcher, leur ardeur vengeresse,
Les frappe et les poursuit jusqu'à la forteresse.
Où le chef Glacidas, ralliant les fuyards,
Arrête nos soldats au pied de ses remparts.

Pendant qu'à batailler le Français se hasarde,
De notre pont flottant, on confia la garde
A d'Aulon; car ce pont, en cas d'un insuccès,
Pour revenir dans l'île était le seul accès.
En ce lieu, Partada, d'origine espagnole,
Eut avec un Français, pour un propos frivole,
Un grave différend; mais près des ennemis,
Devaient-ils donc venger leur honneur compromis?
Ils étaient chevaliers, et tous deux, dans l'armée,
Avaient d'un grand courage acquis la renommée:
Un transport généreux les anime soudain;
S'élançant l'un vers l'autre, ils se donnent la main.
Et proclament vainqueur d'une indigne querelle
Celui qui dans l'assaut mettra le plus de zèle.
S'égalant en valeur, tous deux, en même temps,
Se portent aussitôt parmi nos combattants,
Et d'une même ardeur, au milieu du carnage,
Jusqu'aux pieds des remparts ils s'ouvrent un passage.

D'Aulon et ses guerriers, voyant de tels exploits,
Abandonnent le pont et courent à la fois
Où la gloire, l'honneur, le péril les appelle,
A ce combat sanglant devant la citadelle.
Un Anglais, un Hercule, à la garde des forts,
Avec nos deux guerriers se battait corps à corps.
D'Aulon vit maître Jean,[14] canonnier de Lorraine,
Dont l'ennemi connaît l'adresse trop certaine,
Et lui dit d'ajuster l'Anglais qu'on voyait là :
Maître Jean obéit et le géant tomba.
Partada, que ce fait et dégage et stimule,
Escalade les murs, avec son noble émule;
Car partout et toujours ils se suivent tous deux,
Et la Victoire hésite à prononcer entre eux.
Derrière eux, nos soldats, que l'exemple électrise,
Grimpent en s'accrochant où leur main trouve prise,
Écrasent les Anglais sous leur fougueux effort
Et plantent, triomphants, leur drapeau sur le fort.
    Jeanne montra partout une vertu stoïque.
Quoique blessée au pied, son courage héroïque
La faisait en avant affronter le trépas,
Sans qu'un instant la mort pût arrêter ses pas.

L'Anglais, pour éviter nos atteintes mortelles,
S'était réfugié dans le fort des Tournelles;
Renfermé dans ses murs, il se croit sans danger,
Mais dans le même jour nous vîmes l'assiéger.

Si dans ce coup de main, par une rare audace,
Nous avions pu si tôt réduire cette place;
Si devant nos guerriers rien n'avait résisté,
Les Tournelles offraient plus de difficulté.
Cette forte redoute avait une importance
Qui commandait aux chefs une grande prudence;
Et nos troupes ayant combattu tout le jour,
On dut vers Orléans opérer le retour,
Après avoir laissé devant la citadelle,
De soldats aguerris une troupe fidèle.
Jeanne ne voulait point quitter les assiégeants:
Son cœur avait pitié d'abandonner des gens
Exposés au péril pendant la nuit entière....
Elle obéit pourtant à cet ordre sévère.

Le soir, nos généraux, assemblés en conseil,
Jugèrent qu'il fallait se tenir en éveil;
Car l'ennemi, cherchant à manœuvrer dans l'ombre,
Sur la droite, sans bruit, se portait en grand nombre;

Et, plein d'inquiétude, on avait observé
Un mouvement de troupe au fort de Saint-Privé ;
Que de la garnison une grande partie,
Par groupes, de ce fort, était déjà sortie ;
Et, quoiqu'ils prissent tous un chemin différent,
Ils se réunissaient au fort de Saint-Laurent.
L'avis de tous les chefs était qu'en sentinelles
On laissât nos soldats près du fort des Tournelles ;
Qu'on reprendrait le siége au bout de quelques jours,
Quand on aurait du Roi reçu d'autres secours.

Jeanne dans l'assemblée alors fut introduite,
Et dit sur ces projets, quand elle en fut instruite :
« Tous les desseins de Dieu par moi s'accompliront ;
» Privés de son appui, les vôtres périront.
» Soyons prêts à combattre au lever de l'aurore,
» Car je dois faire plus que je n'ai fait encore ;
» Le sang d'une blessure inondera mon sein,
» Mais je réussirai dans mon hardi dessein. »
Ainsi le jour suivant, notre jeune héroïne
Fait appel aux guerriers, que son aspect fascine,
Pour marcher sur ce fort, voisin des Augustins,
Qui, le ciel nous aidant, tombera dans nos mains.

## LES TOURNELLES.

Les chefs avaient tout fait pour que cette entreprise,
Dont ils craignaient l'issue, à plus tard fût remise ;
Mais Jeanne avait conquis l'armée et les bourgeois,
Qui, pour vaincre avec elle, accouraient à sa voix.
Son hôte, cependant, lui dit : « Puisqu'on s'oppose
» A ce que vous sortiez, de cette grasse alose
» Que mon dîner attend, venez prendre une part. »
— « Gardez-la pour souper, dit-elle, et quoique tard,
» Des Tournelles vainqueurs, par un succès facile,
» Ce soir nous reviendrons par le pont de la ville ;
» Et je pourrai peut-être, à notre rendez-vous
» Ramener un *goddem* pour souper avec nous. »
Des soldats de la ville une grande partie
Sous ses ordres déjà se trouve réunie ;
De braves citoyens viennent grossir leurs rangs,
Et Jeanne se dispose à quitter Orléans.
    Mais la porte Bourgogne avait été fermée ;
Gaucourt [15] ne voulait pas laisser passer l'armée,

Déclarant que depuis le lever du soleil,

Nul ne pouvait sortir sans l'aveu du Conseil.

Le soldat, indigné d'une pareille offense,

Voulait briser la porte et braver la défense ;

La Pucelle s'arma de son autorité,

Et le passage alors ne fut plus contesté.

Elle ouvrit le chemin ; la Loire fut passée,

Sans aucun accident pendant la traversée ;

Elle vit nos soldats qui, surveillant les forts,

En avaient dans la nuit exploré les abords,

Et reçut aussitôt, sur cette forteresse,

Des avis signalant sa force ou sa faiblesse.

Pendant qu'à l'observer on s'occupe céans,

Nos chefs pour joindre Jeanne arrivent d'Orléans ;

Son courage rendant leur prudence illusoire,

Chacun veut partager son péril et sa gloire ;

L'intrépide La Hire et le brave Dunois,

Confiant d'Orléans la défense aux bourgeois,

Amènent avec eux une troupe aguerrie,

Un attirail de siége et de l'artillerie.

De l'Anglais, par ce fait, le rôle était changé,

Car au lieu d'assiégeant, il était assiégé.

Cependant il croyait son fort invulnérable,
Tant son matériel était considérable
En grosse artillerie, en défenseurs nombreux,
Commandés par un chef habile et valeureux.
A peine notre armée est rangée en bataille,
Qu'à la fois, des deux camps, les boulets, la mitraille,
Se croisent dans les airs avec un long fracas,
Et vont porter partout l'horreur et le trépas.
Chacun des deux côtés s'égalant en courage,
Les soldats succombaient, sans qu'aucun avantage
Parût favoriser l'un ou l'autre parti;
Mais l'Anglais dans ses murs se trouvait garanti.
Il fallait à tout prix tenter une escalade :
Nos valeureux guerriers, malgré la canonnade,
Traversant les fossés, grimpant le long des forts,
Avec nos ennemis se battaient corps à corps.
L'Anglais avec ardeur renversait les échelles,
Et comblait de nos morts les fossés des Tournelles.
Jeanne, pendant ce temps, d'un courage affermi,
Bravait sans sourciller les feux de l'ennemi.
C'est en vain qu'aux Anglais elle est un point de mire ;
Sa présence est partout où le danger l'attire.

Encourageant l'armée et disant en tout lieu :

« Que chacun ait bon cœur, bonne espérance en Dieu !

» Si le péril est grand, grande sera la gloire,

» Car le Ciel doit bientôt nous donner la victoire. »

Ce combat meurtrier durait depuis longtemps ;

Le feu de l'ennemi criblait nos combattants ;

Nos guerriers mollissaient !... La Pucelle, alarmée,

Par un sublime effort veut ranimer l'armée :

Voyant se concentrer sur elle les regards,

Une échelle à la main, elle court aux remparts,

Et d'un cœur héroïque, agitant sa bannière,

A travers mille traits y monte la première.

Là, sa prédiction trop tôt s'accomplissant,

Une flèche la frappe ; elle tombe à l'instant.

Jusqu'au bas de l'escarpe on voit son corps qui roule !

L'Anglais pour la saisir s'y précipite en foule ;

Mais nos braves Français, dédaignant le trépas,

L'arrachent de leurs mains, après de longs combats.

A l'abri du danger, on défait son armure,

On découvre son sein pour panser sa blessure ;

Soit la honte ou l'effroi qui d'elle s'empara,

Voyant son sang couler soudain elle pleura.

La blessure était grave, et l'arme meurtrière
De deux largeurs de main ressortait en arrière !
La femme a reparu, craintive sur son sort ;
Elle souffre, elle pleure, elle a peur de la mort....
Quand près d'elle, elle voit ses saintes protectrices.
De ses vives douleurs se calment les supplices ;
L'espoir est dans son cœur, son courage renaît,
Seule de sa blessure elle arrache le trait ;
Le sang au même instant jaillit en abondance,
Mais sur son front pâli brille sa confiance !

L'assaut se prolongeait ; un grand abattement
Semblait gagner l'armée en ce fatal moment.
Jeanne n'étant plus là pour conjurer l'orage,
Le soldat n'avait plus ni force ni courage.
L'Anglais, qui de ses murs semblait le remarquer,
Pouvait avec succès venir nous attaquer.
Dunois, que tourmentait cette crainte secrète,
S'apprêtait à donner l'ordre de la retraite ;
Jeanne d'Arc supplia qu'on attendît un peu :
Elle comptait encor sur le secours de Dieu,
Et sa foi l'implorait d'une ardente prière.

Toujours près du fossé se montrait sa bannière :

« Quand, dit-elle à Dunois, du côté du rempart,

» Le vent fera soudain flotter mon étendard,

» Soyons prêts au combat ; ce signe manifeste

» Sera l'ordre des Cieux ! et ma foi vous atteste

» Que nos braves guerriers, sans faire un grand effort,

» Entreront triomphants dans l'enceinte du fort. »

Bientôt on entendit pousser ce cri de joie :

« Jeanne, vers le rempart l'étendard se déploie ! »

— « En avant ! » cria-t-elle, et jusqu'au dernier rang

On répéta ces mots : En avant ! en avant !

Sans paraître souffrir en rien de sa blessure,

Jeanne remet son casque et prend sa blanche armure ;

Elle monte à cheval, et partant au galop,

Chacun crie avec elle : « A l'assaut ! A l'assaut ! »

Des mains qui la portaient elle prend sa bannière ;

Franchissant du fossé l'impuissante barrière,

Elle agite un moment son mystique étendard,

Et tous montent ensemble au sommet du rempart.

Les Anglais la croyant blessée et demi-morte,

Et se voyant par elle attaqués de la sorte,

Se troublent à l'aspect d'un miracle aussi grand !

La frayeur les saisit, le vertige les prend ;

La terreur leur fait voir à travers la fumée
Et les feux jaillissants de la poudre enflammée,
De célestes esprits, qui, sur des chevaux blancs,
Et le glaive à la main, s'avancent menaçants !
Toute défense alors devenait inutile,
Car d'une même ardeur, les bourgeois de la ville,
Pendant qu'on attaquait la bastille de front,
Tentaient un autre assaut par le côté du pont ;
Mais ils furent bientôt arrêtés dans leur marche :
L'ennemi par prudence avait détruit une arche.
Il fallait sans retard, et sous les feux du fort,
Placer des soliveaux pour joindre l'autre bord.
Ils sont trop courts ! Que faire ?... On s'encourage, on scie
D'autres bois qu'on ajoute et qu'à la hâte on lie,
Le tout tant bien que mal, n'importe ; un chevalier,
Nicole de Giresme, y passe le premier ;
Et malgré mille traits qui menacent sa tête,
Un gouffre sous ses pieds, il va, rien ne l'arrête....
La solive a craqué ! tout le monde a frémi !
Mais il est déjà loin, — courant sur l'ennemi.
Chacun, sans hésiter, à le suivre s'empresse,
Et tous en même temps, devant la forteresse ;

Culbutant les Anglais, pénètrent par le nord,

Pendant que, par le sud, Jeanne entrait dans le fort.

De tenir plus longtemps l'Anglais est incapable :

Il se trouble, il s'agite, une troupe innombrable

Semble pour l'assaillir venir de toutes parts ;

Il fuit, en nous laissant maîtres des boulevards.

Ne pouvant de ses gens arrêter la déroute,

Glacidas veut en vain rentrer dans la redoute ;

Jeanne crie après lui : « Glacidas, Glacidas,

» Rends-toi, tu peux encore éviter le trépas ;

» Tu m'as vilainement, naguère, injuriée !

» Oui, par toi, par les tiens, je fus calomniée...

» Rends-toi, pour te sauver tes soins sont superflus ;

» De ton lâche forfait je ne me souviens plus. »

Sur le passage étroit on se pousse, on se presse,

L'Anglais veut au plus tôt gagner la forteresse ;

Mais sous la charge enfin se rompt le pont-levis :

Dans les flots de la Loire ils sont tous engloutis !

Là périt Glacidas !... et cette mort cruelle,

Quoiqu'elle fût prédite, affligea la Pucelle !

Les boulevards conquis, la bastille aussitôt

Tombe aux mains des Français dans un dernier assaut.

Leur triomphe est complet : la garnison entière
Est par eux massacrée ou faite prisonnière.

  Par le pont rétabli, nos braves combattants,
Ivres de leurs succès, rentrent dans Orléans.
Quoique tous nos guerriers eussent leur part de gloire,
A Jeanne on décernait l'honneur de la victoire.
Tous les chefs l'entouraient d'amour et de respect ;
Le peuple frémissait de joie à son aspect ;
Se portant à l'envi partout sur son passage,
Pour la voir de plus près et pour lui rendre hommage.
Les cris d'enthousiasme et des cloches le bruit
Retentirent dans l'air pendant toute la nuit...
En remerciant Dieu de nous être propice,
Le peuple bénissait notre libératrice.

  Jeanne rentra chez elle à la chute du jour ;
Ses gens pour la panser attendaient son retour ;
Quoique grièvement elle eût été blessée,
La trace de sa plaie était presque effacée ;
Mais il était utile, après tant de travaux,
Que Jeanne prît enfin quelques jours de repos.

———

## LEVÉE DU SIÉGE.

Du côté de la ville on était sans nouvelles,
Et surpris que l'Anglais, au combat des Tournelles,
N'eût pas fait contre nous de suprêmes efforts,
Pour traverser la Loire et secourir ses forts,
Ou que, dans la cité, de troupes dépourvue,
Son armée aussitôt ne fût pas accourue.
Mais on connut plus tard le découragement
Dont nos brillants exploits avaient frappé son camp;
Et pendant cette nuit de triomphe et de gloire,
Pendant qu'on célébrait notre grande victoire,
Les Anglais inquiets avaient, dans un conseil,
Résolu de partir au lever du soleil.
Aussi le lendemain, et par différents groupes,
Ils firent de leurs forts évacuer les troupes,
Et dès l'aube du jour nous les vîmes en rang;
Et de nos ennemis le nombre était si grand,
Qu'on crut qu'ils étaient là pour nous livrer bataille.
Avec un noble élan, le seigneur de Xintraille,

La Hire, de Boussac, Dunois, Florent d'Illiers,
Le maréchal de Retz et d'autres chevaliers,
Qui tous rivalisaient de bravoure et d'audace,
Pour voler au combat sortirent de la place.
Mais Jeanne d'Arc arrive, et son pressentiment,
Qui ne la trompe point, en décide autrement.
« Que tout près de nos murs, dit-elle, on se retranche ;
» Respectez en ce jour l'honneur du saint dimanche ;
» Ne les attaquez point les premiers en ce lieu,
» Tel est le bon plaisir, la volonté de Dieu.
» S'il est dans leur dessein d'abandonner le siége,
» Pour s'éloigner d'ici que le ciel les protége ;
» Mais, contre mon espoir, s'ils avancent sur nous,
» Marchons, et qu'aussitôt ils tombent sous vos coups ! »
En face des Anglais qu'on surveillait sans cesse,
Jeanne veut qu'en plein air on célèbre une messe.
A ce divin office, en ce lieu solennel,
En présence de Dieu, sous la voûte du ciel,
Tous ces vaillants guerriers, si terribles naguère,
Après avoir vaincu les soldats d'Angleterre,
Soumis, respectueux, à l'autel du Seigneur,
Dans un calme profond priaient avec ferveur.

L'aspect religieux de cette foule immense,
Attestait du Très-Haut la gloire et la puissance.
L'office terminé, Jeanne, encore à genoux,
Demande si l'Anglais porte les yeux sur nous.
On lui répond que non, que vers Meung il regarde,
Et que de ce côté se meut son avant-garde.
— « En nom Dieu, reprit-elle, ils s'en vont!... Qu'en ce lieu,
» Pour un si grand bienfait, on rende grâce à Dieu !
» Ne les poursuivons pas, et que cette retraite
» Emporte loin d'ici leur honte et leur défaite. »
     Croyant qu'on se battait contre les assiégeants,
En armes tout le peuple accourait d'Orléans,
Et se portait vers nous pour nous prêter main-forte.
Il voit fuir les Anglais, son ardeur le transporte,
En foule il envahit les forts, les bastions,
Qui tous de vivres frais et de munitions
Etaient en ce moment pourvus en abondance;
On s'empara soudain de ce butin immense,
Des armes, des canons que l'on traîna dehors,
Et l'ordre fut donné de raser tous ces forts.
     Dans la noble cité, la joie universelle
Aux honneurs du triomphe appelait la Pucelle.

Elle y fit son entrée aux transports éclatants
Du peuple, et sous les plis de cent drapeaux flottants.
Ce peuple, libre enfin après tant de souffrance,
S'enivrait de bonheur et de reconnaissance,
Et de son héroïne exaltait les hauts faits ;
— « Non ! dit Jeanne ; du Ciel j'accomplis les décrets :
» Rapportons-en à Dieu la gloire tout entière ;
» Payons-lui dans ce jour un tribut de prière,
» Et plaçons Orléans sous sa protection
» Par le vœu solennel d'une procession. »
A sa voix, aussitôt les prêtres de la ville,
Notre vaillante armée et le peuple à la file
Formant un long cortége, entonnèrent en chœur,
A travers la cité, des hymnes au Seigneur.
Les généreux enfants de la ville bénie
Ont su perpétuer cette cérémonie :
Orléans fête encore, avec solennité,
La date de sa gloire et de sa liberté.
  Ainsi s'accomplissait, dans ce jour d'allégresse,
Tout ce qu'avait prédit la jeune prophétesse :
Qu'avec l'aide de Dieu, nos braves combattants
Devaient avant cinq jours délivrer Orléans.

Déjà, depuis sept mois, un siége mémorable
Menaçait la cité d'un sort épouvantable,
Car sous les murs croulants, nos preux ensevelis
Succombaient, sans espoir de sauver le pays ;
Mais Jeanne d'Arc paraît et tout change de face :
Les ennemis vaincus abandonnent la place ;
Jeanne victorieuse obtient ce résultat,
Malgré l'avis des chefs, en trois jours de combat !
Et par qui cette gloire était-elle obtenue ?
Par une paysanne, une enfant ingénue,
Qu'on enlève soudain à de simples travaux,
Et qu'on voit tout à coup, transformée en héros,
Présider des conseils, renverser des murailles,
Escalader des forts et gagner des batailles !
Explique qui pourra ces faits miraculeux,
Mais Chrétiens, mais Français, rendons-en grâce aux Cieux.

## V.

## CAMPAGNE DE LA LOIRE.

De la noble cité l'heureuse délivrance
Des partisans du Roi releva l'espérance.
Dans la France aussitôt le bruit s'en répandit :
Jeanne réalisait ce qu'elle avait prédit.
Cependant elle doit combattre sans relâche,
Car elle n'a rempli qu'une part de sa tâche.
Elle quitte Orléans et va se rendre à Blois,
Pour reprendre bientôt le cours de ses exploits.
D'Illiers partait aussi : ce chef, de la Pucelle
Ne veut pas s'éloigner, sans prendre congé d'elle.
D'Illiers, de Châteaudun était le gouverneur,
Et dans cette cité, ce brave et noble cœur
Brûlait de retourner, craignant qu'en sa retraite
L'Anglais ne l'attaquât pour venger sa défaite.
Il est félicité des généraux français,
Car il avait pris part à nos plus grands succès.

Les bourgeois d'Orléans, dans leur reconnaissance,
Rendent avec éclat honneur à sa vaillance ;
C'est lui qui le premier, dans un temps désastreux,
Osa leur apporter son appui valeureux ;
Ce bienfait signalé doit vivre dans l'histoire ;
Orléans à jamais en garde la mémoire,
Et la rue, où jadis passèrent ses guerriers,
A toujours conservé ce nom : Florent d'Illiers.

A peine d'Orléans s'éloigne la Pucelle,
Que les chefs rassemblés veulent tenter, sans elle,
D'ajouter à leur gloire un triomphe nouveau,
En attaquant l'Anglais renfermé dans Jargeau.
En l'absence de Jeanne il leur semblait facile
De réduire bientôt cette importante ville ;
Mais après des efforts aussi longs qu'impuissants,
Repoussés, ces guerriers rentrent dans Orléans.
La prise de Jargeau, cette grande victoire,
Le Ciel à Jeanne d'Arc en réserve la gloire !

Charles sept se trouvait à Loche en ce moment,
Et Jeanne, pour le voir, s'y rendit promptement.
Déjà de nos succès on savait la nouvelle,
Le Dauphin et la cour attendaient la Pucelle ;

De la féliciter on se montrait jaloux ;
Le peuple en la voyant se jetait à genoux !
Mais ce brillant accueil et ce sincère hommage,
Ne la détournaient pas du but de son voyage :
Ce qu'il fallait à Jeanne en un pareil moment,
C'étaient des défenseurs, des armes, de l'argent ;
C'était que Charles sept payât de sa personne,
Qu'il montât à cheval et reconquît son trône ;
C'était de profiter de l'échec des Anglais,
C'était d'aller à Reims couronner nos succès.
— « Je ne durerai guère, hélas ! lui disait-elle,
» Venez, venez au camp où l'honneur vous appelle,
» Et que la France en vous retrouve un digne fils
» De ces rois vénérés, Philippe et saint Louis. »
Mais non, c'était en vain que ce cœur héroïque
Espérait rencontrer, dans ce prince apathique,
Une âme qui frémît à son noble entretien,
Un cœur qui pût vibrer à l'unisson du sien...
Nul éclair de ce feu qu'allume le courage,
N'illumina son front, n'anima son visage,
Rien ne put l'émouvoir ! Et l'on reprit le cours
Des stériles conseils qu'on tenait tous les jours.

On ne décidait rien... De tant d'insouciance,
Jeanne se désolait et perdait patience.
    Un jour, dans un conseil Charle était occupé ;
Jeanne, tout doucement, à la porte a frappé ;
— « Entrez », lui dit le Roi, pensant que c'était elle :
— Nul n'eût osé frapper excepté la Pucelle. —
Jeanne vint aussitôt embrasser ses genoux,
Et dit, en rougissant, de son ton le plus doux :
« Noble Dauphin, pourquoi délibérer sans cesse ?
» Il faut se décider ; hélas ! le temps me presse ;
» Venez, venez à Reims, c'est mon Conseil, à moi,
» Qui, dans votre intérêt, me prescrit cette loi. »
    — « Pourriez-vous, lui dit-on en présence de Charle,
» Nous apprendre comment votre Conseil vous parle ?
» Est-ce par sentiment, par intuition,
» Que vous appréciez sa révélation ?
» Est-ce un son, une voix que tous pourraient comprendre,
» Ou bien n'est-ce qu'à vous qu'elle se fait entendre ? »
Jeanne d'Arc répondit qu'obéissante à Dieu,
Rien ne lui défendait de faire cet aveu :
« Quand je veux conseiller ce que le Ciel m'inspire,
» Et que l'on ne croit pas à ce qu'il me fait dire,

» Je prie et je me plains, me demandant pourquoi

» Je ne puis faire croire à Dieu qui parle en moi.

» Mais un petit murmure à ma plainte succède ;

» Une voix me dit : Va, va, je serai ton aide ;

» Va, va, fille de Dieu, poursuis ta mission...

» Et j'entrevois du Ciel une apparition ! »

Tout à coup sa figure, après cette parole,

Sembla s'illuminer, ceinte d'une auréole ;

Et ravie en extase, elle resta longtemps

En contemplation devant les assistants.

Marcher sur Reims semblait une œuvre trop hardie,

Et tous nos généraux voulaient qu'en Normandie

On allât tout d'abord repousser les Anglais ;

Qu'on se rendrait à Reims plus sûrement après.

L'avis eût été bon dans un temps ordinaire ;

Mais d'inspiration se faisait cette guerre,

Et les desseins de Jeanne ayant tous réussi,

Il fallait bien que d'elle on eût quelque souci ;

Et Jeanne triompha ! Cependant on dut croire

Que les points importants, sur le cours de la Loire,

Qui se trouvaient encore aux mains des ennemis,

Devaient être avant tout à nos armes soumis.

Jeanne d'Arc se rendit enfin à l'évidence
D'un projet que dictait une sage prudence ;
Le Bâtard d'Orléans en faisait une loi,
Et, de plus, il était approuvé par le Roi.
On s'occupa d'un plan et d'un itinéraire ;
Charles fit publier partout son ban de guerre ;
De suivre le Dauphin on se montrait jaloux ;
La noblesse affluait au lieu du rendez-vous.
A Selles en Berri, bientôt s'était formée
De nobles, de bourgeois une nouvelle armée,
Pleine d'enthousiasme ; et le duc d'Alençon,
Qui venait d'achever de payer sa rançon [16],
Devait la commander, mais sous la loi formelle
De prendre, avant d'agir, l'avis de la Pucelle.

Le Prince, en acceptant ce périlleux emploi,
Plongeait sa jeune épouse en un pénible émoi ;
Son âme se livrait à mille inquiétudes :
Elle avait éprouvé tant de vicissitudes !
Le Duc avait été prisonnier des Anglais ;
Devait-elle aujourd'hui le perdre pour jamais ?
Elle consulte Jeanne en pleurant, et la prie
De calmer les tourments dont son âme est remplie.

— « Ne craignez rien, Madame, avec l'aide de Dieu,
» Je le ramènerai sain et sauf en ce lieu. »
En Jeanne elle avait foi, car, sur cette promesse,
L'espoir vint aussitôt ranimer la Duchesse.

En partant on suivit la route d'Orléans,
Où nous devions trouver de nombreux partisans ;
D'une brillante ardeur ces troupes étaient pleines.
On s'adjoignit aussi nos vaillants capitaines,
De Loré, de Boussac, l'amiral de Culant,
Et d'autres preux égaux en bravoure, en talent :
Tous heureux en ce jour de marcher à la gloire.
En quittant Orléans, par le val de la Loire,
On devait rencontrer la ville de Jargeau ;
Bientôt devant ses murs parut notre drapeau.

Après tous ses échecs, l'Anglais [illegible]
S'enfermait dans les for[illegible] , avec prudence,
Dans celui de [illegible] encore en sa puissance.
Se [illegible] Jargeau, des combattants nombreux
[illegible]rouvaient réunis sous un chef valeureux ;
Le comte de Suffolk, de haute renommée,
Avec impatience attendait notre armée :
Il avait inspiré son courage au soldat,
Et se croyait certain de nous vaincre au combat.

A peine des Français se montre une partie,
Qu'impétueusement il fait une sortie;
Avec tant de vigueur il tombe sur nos gens,
Qu'aussitôt le désordre est porté dans leurs rangs.
Jeanne voit par ce choc notre armée ébranlée,
Et lance son cheval au fort de la mêlée;
Au milieu des Anglais paraît son étendard,
Qui, brillant, a soudain arrêté le regard;
Nos soldats rassurés par son ardeur guerrière,
Sont bientôt réunis autour de sa bannière!
Et l'ennemi, malgré d'énergiques efforts,
Est repoussé partout et rentre dans ses forts.

Jeanne, le lendemain, fit canonner la ville;
L'Anglais à riposter n'était pas moins habile,
Et la mort qu'on lançait sur lui de toutes parts,
Il nous la renvoyait du haut de ses remparts.
Jeanne d'Arc s'occupait de notre artillerie;
Son coup d'œil était juste et chaque batterie
Par elle était placée avec précision,
Car Jeanne dans cette arme avait un grand renom.
Le jeune commandant examinait la place,
Quand la Pucelle voit qu'un boulet le menace;

Par elle, brusquement, le Duc est écarté,
Le coup part.... à sa place un autre est emporté ;
Cette action au Duc avait sauvé la vie !
Mais cette explosion de mille était suivie ;
Jeanne à d'autres périls donnait d'autres secours,
Et le canon ainsi gronda pendant deux jours.
Au second cependant, la pièce *la Bergère*,
Hommage qu'avaient fait à la jeune guerrière
Les bourgeois d'Orléans, et qui portait son nom,
Fit crouler avec bruit la tour d'un bastion.
Suffolk, le jour suivant, se voyant en détresse,
Voulut capituler, mais avec la promesse
D'obtenir une trève au moins de quinze jours ;
Et, si pendant ce temps il n'avait nul secours,
Quoiqu'il pût, disait-il, vaillamment se défendre,
La garnison et lui consentaient à se rendre.
Mais on n'ignorait pas que le duc de Bedford
Envoyait vers Jargeau Falstolf et du renfort ;
Or, les brèches déjà pouvaient livrer passage
A nos hardis guerriers, qui tous, avec courage,
Demandaient à grands cris de monter à l'assaut ;
Aussi ces pourparlers furent rompus bientôt.

Le signal est donné, la trompette résonne ;
On fait serrer les rangs pour marcher en colonne.
A ce mot : En avant ! l'airain gronde plus fort ;
Le soldat y répond en affrontant la mort.
Au Prince, qui voulait qu'on attendît encore,
Jeanne crie : « En avant ! » et d'une voix sonore
Ajoute : « Quel que soit le péril en ce lieu,
» L'heure est prête toujours quand elle plaît à Dieu.
» Gentil duc, as-tu peur? Compte sur ma promesse,
» Car je dois, sain et sauf, te rendre à la duchesse. »
A peine, en souriant, elle achève ce mot,
Que son ardeur l'emporte ; elle court à l'assaut,
Et, sans qu'aucun péril ébranle son courage,
Elle entraîne l'armée au milieu du carnage.

Cet assaut acharné durait depuis longtemps ;
Même ardeur animait chacun des combattants ;
Jeanne veut en finir... Élevant sa bannière,
Qu'elle agite un moment, l'intrépide guerrière
Court porter une échelle au pied d'un des remparts,
Où les feux se croisant tonnent de toutes parts.
Une grêle de traits la couvre tout entière :
Son casque a retenti sous le choc d'une pierre,

Qui, se brisant soudain, a renversé son corps.

Deux cris, au même instant, poussés avec transports,

Partent : l'un des Anglais, au succès de leurs armes ;

Les Français poussent l'autre, exprimant leurs alarmes.

Mais Jeanne de ce coup se relève aussitôt ;

Plus fière et plus terrible, elle monte à l'assaut,

Criant : « Sus aux Anglais ! sus, sus ! amis, courage !

» Les Anglais sont à nous ! » Partout sur son passage

La déroute est complète, et nos hardis Français,

De maison en maison, immolent les Anglais.

Suffolk a vu périr Alexandre son frère ;

Un autre frère encore est prisonnier de guerre ;

Pressé de tous côtés, lui-même, dans ses murs,

Doit-il tomber vivant aux mains d'êtres obscurs ?

Non ; il voit un guerrier montrer un grand courage,

Et, l'arrêtant soudain, au plus fort du carnage,

Crie : « Es-tu gentilhomme ? » — « Oui, » répond le guerrier,

Qui se nommait Regnault. — « Mais es-tu chevalier ? »

— « Non. » — « Sois-le de mon fait. » Lui donnant l'accolade,

Il lui rend son épée après cette embrassade.

Heureux d'un tel honneur, le chevalier Regnault

Du comte de Suffolk prit la garde aussitôt ;

Il avait pour parrain et prisonnier de guerre,
Un des plus grands héros qu'honorât l'Angleterre ;
Et Suffolk, en rendant son arme à ce guerrier,
La déposait aux mains d'un noble chevalier.

Nous fîmes des Anglais un massacre effroyable ;
Le soldat furieux était impitoyable !
Les bourgeois, jusqu'aux mains des généraux français,
Pour les exterminer arrachaient les Anglais :
— « Ces riches, disaient-ils, n'auront pas l'espérance,
» En payant leur rançon, de combattre la France. »
Jeanne d'Arc, déplorant la guerre et ses malheurs,
Fit embarquer Suffolk et quelques grands seigneurs,
Qui purent, sans danger, s'éloigner de la ville,
Et qui dans Orléans trouvèrent un asile.
Ainsi de ce combat tous les Orléanais
Apprirent aussitôt le glorieux succès.

Jeanne dans Orléans revint la nuit suivante ;
Le Duc l'accompagnait. Une joie enivrante
Avait, à leur aspect, animé tous les cœurs,
Et le peuple, aux flambeaux, acclama les vainqueurs.
Jeanne d'Arc grandissait ! La France tout entière
Aurait en ce moment marché sous sa bannière.

Les nobles, les seigneurs venaient, avec transports,

Apporter leur concours à ses heureux efforts.

Chaque jour s'augmentait notre vaillante armée,

Qui, d'orgueil et d'espoir et d'ardeur enflammée,

En quittant Orléans, demandait d'un seul cri

A combattre l'Anglais en force à Beaugency.

Au-dessous d'Orléans, et sur la même rive,

S'élevait cette ville ; et sur la défensive

Était la garnison que Talbot commandait.

Nous nous mîmes en route et Jeanne nous guidait.

On s'empara d'abord du pont de Meung-sur-Loire

En laissant le château [17] ; tout nous portait à croire

Qu'on pouvait de ce point ne prendre aucun souci,

Avant d'avoir réduit le fort de Beaugency.

Talbot, en nous voyant, évacua la ville

Et rentra dans le fort ; puis, partant pour Janville,

Il se fit remplacer, dans le commandement,

Par sir Richard Guétin, son premier lieutenant.

Le Duc à Beaugency vint avec la Pucelle,

Et le siége fut mis devant la citadelle.

A peine il commençait, qu'un incident faillit

Soulever dans l'armée un dangereux conflit ;

Car pour se joindre à nous venait le Connétable,
Arthur de Richemont [18], à l'humeur indomptable,
Qui, malgré sa disgrâce et les ordres du roi,
De l'admettre en nos rangs nous imposait la loi.
Jusqu'ici Richemont avait eu l'espérance
De devenir un jour le sauveur de la France :
Il attendait qu'on vînt demander son appui;
Mais voyant que l'État se relevait sans lui,
Et que, les bras croisés devant un tel spectacle,
Il attendait en vain ; sans vouloir faire obstacle
A nos succès acquis, il voulut, sans retard,
De nos succès futurs venir prendre une part.
Il manda des soldats du Poitou, de Bretagne,
Et malgré Charles sept il se mit en campagne ;
Comptant sur ses exploits pour obtenir merci,
Il rejoignit l'armée assiégeant Beaugency
Et requit logement pour lui, pour ses gens d'armes.
La demande d'Arthur mit le camp en alarmes;
Car Jeanne et d'Alençon, d'après l'ordre du roi,
Ne pouvaient dans nos rangs lui donner un emploi.
De cet ordre les chefs hautement murmurèrent;
Le Conseil s'assembla, les avis différèrent,

Cependant on convint qu'Arthur de Richemont
Était un bon Français, et qu'un pareil affront
Serait à son honneur une mortelle offense,
Dont le Comte, avec droit, saurait tirer vengeance.
Enfin on termina ces graves différends ;
Tous les chefs au Conseil se portèrent garants
De ses intentions, ainsi que de son zèle
A servir Charles sept en chevalier fidèle ;
Et la Pucelle alors, consentant à le voir,
A la tête des chefs alla le recevoir.
Richemont, héritier de trois riches provinces,
Avait droit au salut qu'on réservait aux princes,
Et Jeanne, avec respect, embrassa ses genoux.
— « Gente fille, dit-il, en me joignant à vous,
» J'apprends que vos desseins étaient de me combattre ;
» Je ne me laisse pas facilement abattre,
» Et n'aurais devant vous reculé pour si peu ;
» Non, je ne vous crains pas, si vous venez de Dieu :
» Il sait mon bon vouloir, au Dauphin favorable ;
» Je vous crains encor moins, si vous venez du diable. »
On disait Richemont très-superstitieux,
Mais quand il connut Jeanne, il l'apprécia mieux.

Après qu'on eut admis les gens du Connétable,

La prise de la place était inévitable ;

L'Anglais le pressentit, et craignant un assaut,

D'un traité favorable il profita bientôt.

La garnison du fort à peine était sortie,

Que de l'armée anglaise, une grande partie

Simulait une attaque, avec l'intention

De faire au pont de Meung une diversion;

Mais l'Anglais ignorait la prise de la ville,

Et ce dernier effort devenait inutile.

C'était Talbot, Falstolf, Scales, venant ainsi

Un peu tard, pour tenter de sauver Beaugency.....

Les Anglais ! cria-t-on. Cette heureuse nouvelle

Fit éclater la joie au front de la Pucelle :

— « Eh bien! beau Connétable, en ce lieu, de par moi

» Vous n'êtes pas venu; — mais pour servir le Roi,

» Pour combattre l'Anglais qui près de nous se montre,

» Soyez le bienvenu! Marchons à sa rencontre. »

Nos guerriers rassemblés, on partit aussitôt,

Pour combattre à la fois et Falstolf et Talbot.

Beaugency se rendait; n'ayant pu le défendre,

Talbot prit le parti de ne pas nous attendre,

Emmenant du château toute la garnison.

Devait-on le poursuivre en cette occasion,

Et tenter en plein champ le hasard des batailles?

Ces Français, si hardis à gravir des murailles

Et qui de chaque assaut remportaient un succès,

En bataille rangée avaient peur des Anglais !

Le prestige si grand de leurs anciennes gloires,

N'était point effacé par toutes nos victoires;

Les chefs dans le Conseil paraissaient indécis !

A Jeanne d'Alençon vint demander avis :

— « Devons-nous, lui dit-il, nous exposer en plaine

» A combattre l'Anglais? Notre perte est certaine ! »

— « A-t-on de bons chevaux et de bons éperons? »

— « Quoi! pour fuir? » — « Non, c'est nous, nous qui les pour-

» Que ces troupes ici, Duc, soient les bienvenues, [suivrons.

» Car, quand tous ces Anglais seraient pendus aux nues,

» Nous les aurons. » Alors, et sans perdre de temps,

A l'avant-garde on mit nos meilleurs combattants.

Dans la prévision d'une grande bataille,

De Loré, Beaumanoir, La Hire, de Xaintraille,

En marchant en avant, eurent la mission

D'empêcher que l'Anglais ne prît position;

Car on craignait surtout ses pieux, ses palissages,
Qui lui donnaient sur nous de si grands avantages.
Richemont, d'Alençon, le comte de Dunois,
Commandèrent le reste, et Jeanne cette fois
Se trouvait en arrière, — et bien en dépit d'elle,
Car c'est aux premiers rangs que se plaît la Pucelle.

De ce nouveau combat redoutant l'insuccès,
On partit, en suivant l'avant-garde de près ;
Mais ne découvrant rien, on conçut quelque doute :
On craignit que l'Anglais n'eût pris une autre route ;
Lorsque les éclaireurs, qui marchaient en avant,
Aperçoivent un cerf, qui, près d'eux se levant,
Fuit, et dans les taillis va chercher une voie ;
Et presqu'au même instant de bruyants cris de joie
Retentissent ; le cerf, courant épouvanté,
Au milieu des Anglais s'était précipité....
On s'arrêta sans bruit ; on fit, avec prudence,
Des lieux environnants une reconnaissance ;
Puis après, chacun mit son cheval au galop,
Et près de l'avant-garde on arriva bientôt.

Pendant ce temps, l'Anglais, qui ne se doutait guère
D'avoir si près de lui son terrible adversaire,

Délibérait.... Falstolf disait que les soldats

Étaient découragés par les derniers combats ;

Qu'en face des Français, tous pleins de confiance,

Combattre de nouveau serait une imprudence ;

Et qu'il valait bien mieux, renfermés dans les forts,

Attendre d'outre-mer les importants renforts,

Qui devaient dans leurs rangs ramener le courage

Et leur assureraient un puissant avantage.

Ce conseil était bon, mais cet orgueil anglais

Devait-il donc deux fois fuir devant les Français ?

L'intrépide Talbot fut d'un avis contraire.

— « Nous avons, disait-il, beaucoup d'hommes de guerre

» Fort expérimentés, et qui ne craindront pas

» D'affronter en plein champ les Français aux combats :

» Mon avis est que, loin de se laisser abattre,

» Si les Français venaient il faudrait les combattre. »

On discutait encor, quand parut aussitôt

Notre cavalerie arrivant au grand trot.

Il fallut bien alors songer à se défendre ;

L'ennemi n'avait plus d'autres partis à prendre.

Les apprêts du combat se faisaient sans délai,

Lorsque Falstolf ordonne un recul sur Patay :

— « Là nos troupes, dit-il, une fois ralliées,
» S'adossant à l'église aux tours fortifiées,
» Et pouvant, au besoin, se ménager l'appui
» Du petit bois touffu que vous voyez d'ici,
» Présenteront un front d'invincible défense. »
Ce plan par ses lenteurs devient une imprudence :
Car avant que l'Anglais fût rangé dans ces lieux,
Qu'il eût fait ses remparts à l'aide de ses pieux;
Aussi prompts que l'éclair échappé de la nue,
Xaintrailles et La Hire alors, bride abattue,
Entraînant avec eux nos cavaliers français,
Tombent comme la foudre au milieu des Anglais,
Qui, surpris, et rompus par cette rare audace,
Pour éviter la mort quittent soudain la place.
C'est en vain qu'un moment, osant nous défier,
Talbot croit dans le bois pouvoir les rallier;
Il espérait encor ramener la victoire !
Mais Jeanne d'Arc paraît, rayonnante de gloire !
Comme un astre splendide illuminant les cieux,
On voit son étendard s'avancer radieux ;
Et notre brave armée arrivant à sa suite,
Culbute l'ennemi, qui prend partout la fuite.

Presque tous les Anglais, sous nos coups meurtriers,
Tombent morts ou mourants, ou sont faits prisonniers.
Leur général Talbot, sur le champ de bataille,
Avait été forcé de se rendre·à Xaintraille.
— « Eh bien! seigneur Talbot, dit le duc d'Alençon,
» Pensiez-vous recevoir cette rude leçon? »
Et le héros anglais, de son flegme ordinaire,
Répond : « Que voulez-vous ? C'est le sort de la guerre ! »
   Dans ce sanglant combat, s'égalant en valeur,
Xaintrailles et La Hire eurent le même honneur.
Jeanne, dans la mêlée, au plus fort du carnage,
Faisait avec éclat triompher son courage ;
Mais après la victoire, hélas! son noble cœur
S'indignait en voyant le farouche vainqueur,
D'une riche rançon n'ayant pas l'espérance,
Immoler sans pitié le soldat sans défense !
Jeanne donnait à tous, dans ses soins empressés,
Des larmes aux mourants, des secours aux blessés.
   Cette grande victoire, en cette circonstance,
Fut pour nos combattants d'une grande importance !
Elle était la première où le soldat français
En bataille rangée avait vaincu l'Anglais.

En ce jour périssait, avec sa renommée,
Le dernier des débris de cette grande armée,
Qui, toujours triomphante, auprès du roi Henry,
Glorieuse arrivait avec Salisbury [19],
Pour réduire Orléans et subjuguer la France,
Et perdait à Patay sa dernière espérance !
Jeanne, à qui l'on avait imposé ces combats,
Obtenait en huit jours ces heureux résultats :
Jargeau, Meung, Beaugency tombent, et la victoire,
La suivant à Patay, la couronne de gloire.

L'Anglais par cet échec est démoralisé :
Ses soldats sont vaincus, son prestige est brisé ;
Le pays qu'il tenait encore en sa puissance,
Ose se déclarer en faveur de la France ;
La haine qu'on lui porte a partout éclaté ;
Janville s'est soustraite à son autorité ;
Et quand nous approchons, redoutant notre audace,
Incendiant ses forts, il quitte chaque place ;
Son plus grand général est en nos mains captif ;
Falstolf près de Bedford revient en fugitif ;
Même en rase campagne, où sa tactique excelle,
Le vainqueur de Rouvray fuit devant la Pucelle !

Tranquille dans Corbeil, Bedford, en ce moment,
Attendait du combat un autre dénoûment ;
Apprenant sa défaite et craignant nos approches,
Il accable Falstolf d'injurieux reproches ;
Son injuste courroux arrache, sans quartier,
A ce chef malheureux l'ordre du bleu jartier ;
Il éclate en fureur... mais malheureux lui-même,
Il révoque aussitôt cette injustice extrême,
Et de tant de revers inquiet et surpris,
Mandant d'autres renforts, il retourne à Paris.

## VI.

## REIMS.

Jeanne dans Orléans revint victorieuse ;
Notre armée à sa suite arrivait glorieuse.
Pour fêter leur retour chacun se préparait :
Le peuple avait l'espoir que le Roi s'y rendrait ;
Car les Orléanais, par leur persévérance,
Avaient bien mérité du Prince et de la France.
Mais on devait sans lui célébrer ce grand jour :
On subissait déjà les intrigues de cour ;
La Trémouille en ce lieu craignait qu'au Connétable
La clémence du Roi ne devînt favorable,
Et le Roi ne vint pas !... mais les Orléanais
N'en fêtèrent pas moins ce glorieux succès.

Jeanne et nos généraux, après notre victoire,
Se hâtèrent d'aller jusqu'à Sully-sur-Loire,
Où le roi Charles sept put apprendre à la fois,
Le combat, la victoire et nos brillants exploits.

Charle en félicita nos chefs et notre armée,
Qui du plus noble feu se montrait animée.
Sûre de triompher, en dépit des Anglais,
Jeanne voulait qu'à Reims on allât désormais.
Le Prince y consentit. En ce moment Xaintraille,
Qui s'était noblement conduit dans la bataille,
Et qui de ce grand jour décida le succès,
En présentant Talbot, le héros des Anglais,
Demande à Charles sept de rendre à l'Angleterre
Cet illustre captif, son prisonnier de guerre;
Avec bonté le Roi se rendit à ce vœu.
Dans un autre combat, car la guerre est un jeu,
Où le hasard souvent remplace la science,
Xaintrailles, prisonnier, obtint sa délivrance
De la part de Talbot, qui, de même façon,
A la France rendit Xaintrailles sans rançon.
   Jeanne avait espéré que, pour le Connétable,
Le Roi se montrerait enfin plus favorable;
Il avait vaillamment combattu les Anglais,
Et pouvait réclamer sa part de nos succès;
Aux pieds de Charles sept Jeanne d'Arc s'agenouille,
Priant pour Richemont; mais alors La Trémouille,

Parlant en ce moment par la bouche du Roi,
Refuse à ce guerrier un honorable emploi.
Arthur, de cet affront tirant noble vengeance,
S'en alla guerroyer à ses frais pour la France.

Futur duc de Bretagne, oh ! ne t'afflige pas
De ne point suivre Jeanne à de nouveaux combats ;
Au salut du pays ton bras doit servir, Comte,
Et de ta loyauté le Ciel te tenant compte,
Pour dédommagement t'accordera ce prix
D'entrer au nom du Roi le premier dans Paris.
Tu peux donc dédaigner La Trémouille ; l'Histoire
Voue au mépris son nom et le tien à la gloire.

La France s'agitait ! tant de succès acquis
Animaient nos guerriers contre les ennemis ;
Pour le sacre du Roi l'ardeur était extrême !
La campagne de Reims, en ce moment suprême,
Malgré le favori ne put se différer :
C'était la nation qu'on allait restaurer !
La haine des Anglais était universelle ;
Aussi de toutes parts, pour suivre la Pucelle,
Le noble et l'artisan se montraient-ils jaloux
D'arriver les premiers au lieu du rendez-vous.

Cette expédition à peine fut réglée,

Qu'une armée à Gien se trouvait rassemblée

Alors plus de délais : il fallut, sans retard,

Que le roi Charles sept ordonnât le départ.

De cet ordre aussitôt Jeanne fut informée,

Et, presque malgré lui, le Roi suivit l'armée.

Etait-il bien prudent ce voyage si long,

Ce voyage en périls, en obstacles fécond?

Une armée aussi faible, en canons mal montée,

Pouvait à chaque instant être en route arrêtée;

Et dans chaque combat dût-elle triompher,

La lenteur du succès devenait un danger ;

Nous devions en chemin trouver des places fortes,

Qui pouvaient refuser de nous ouvrir leurs portes ;

Nous devions traverser ainsi tout un pays,

Où même les Français nous étaient ennemis ;

De la France, pourtant, les nobles destinées

A notre réussite étaient subordonnées,

Et le moindre revers devait perdre le Roi :

Mais Jeanne nous guidait! Nous marchions dans sa foi.

On partit, et l'on fut bientôt devant Auxerre;

Un rempart protégeait cette ville de guerre,

Que le duc de Bourgogne, en vertu d'un traité,
Tenait encor soumise à son autorité.
Jeanne d'Arc demandait qu'on forçât cette place ;
C'était intimider, d'un premier coup d'audace,
Les autres garnisons qu'on avait devant soi ;
Mais Jeanne se trouvait en présence du Roi,
Et le Roi commandait. Les députés d'Auxerre,
Désirant obtenir « abstinence de guerre »,
Vinrent solliciter cette neutralité ;
La Trémouille accepta le projet présenté,
Mais on dit qu'en retour de son appui, cet homme
Reçut secrètement une très-forte somme.
Auxerre cependant devait se rendre au Roi,
Si les autres cités subissaient cette loi.
Mais ce début n'était ni glorieux ni sage ;
C'était, en cas d'échec, nous barrer le passage :
Les Auxerrois, laissés neutres mais non soumis,
Auraient pu nous traiter alors en ennemis.
Le chaud accueil du peuple écartait toute crainte.
On prit Saint-Florentin, sans user de contrainte,
Et l'on marcha sur Troye, oublieux du danger ;
Mais pour s'en rendre maître il fallut l'assiéger ;

Car, loin de nous montrer la moindre sympathie,

Les habitants sur nous firent une sortie :

L'avant-garde un moment dut essuyer leur feu,

Avant que notre armée arrivât en ce lieu ;

Mais bientôt nos soldats, surpris de tant d'audace,

Forcèrent les bourgeois à rentrer dans la place.

Par cette agression nous étions arrêtés,

Et nous avions sujet d'en être inquiétés ;

Car notre armée était, quoique bien aguerrie,

Sans vivres et surtout sans grosse artillerie.

On devait aviser en un moment pareil,

Et le roi, soucieux, rassembla son Conseil..

Cette place était forte, on ne pouvait prétendre

Qu'un hardi coup de main la forçat à se rendre ;

Et chaque conseiller, sur cet événement,

Selon son rang, son âge, émit son sentiment.

Presque tous, redoutant ce périlleux voyage,

Voulait l'abandonner ; alors le doyen d'âge [20],

Le vieux sire de Trêve, un ancien chancelier,

Qui devait au Conseil s'exprimer le dernier,

Dit qu'il aurait fallu consulter la Pucelle ;

Que ce voyage avait été conçu par elle,

Et que peut-être aussi, prévoyant un tel cas,

Elle seule pourrait nous tirer d'embarras.

— « Qu'on la fasse venir », dit-il d'une voix forte...

On entendit frapper rudement à la porte...

C'était Jeanne ! on venait de lui donner l'éveil

Des résolutions que prenait le Conseil.

Inquiète, elle était aussitôt accourue.

Debout devant le Roi : Sire, serai-je crue,

Dit-elle, si je donne ici quelques avis ? »

— « Je ne sais, dit le Roi ; pour qu'ils fussent suivis,

» Il faudrait les connaître. » — « Aurez-vous confiance

» En ce que je dirai ? » — « Parlez, ma conscience

» Saura vous appuyer, si vous avez raison. »

— « Noble Roi, les conseils ne sont plus de saison ;

» Il faut agir. Venez, il nous sera facile,

» Avant qu'il soit trois jours, d'entrer dans cette ville. »

— « J'en donnerais bien six pour en être certain. »

— « Sire, dans la cité vous entrerez demain. »

Jeanne prend aussitôt son enseigne guerrière,

Elle monte à cheval, agite sa bannière,

Autour d'elle à l'instant rassemble nos soldats,

Et dit : « Qu'on se prépare à marcher aux combats. »

Pour combler les fossés et franchir les courtines,

Avec des branches d'arbre on forme des fascines ;

On apporte des ais, des portes, des chevrons,

Des tables, des fagots, pris dans les environs.

Chevalier, écuyer, archer, soldat, manœuvre,

Tous viennent à l'envi mettre la main à l'œuvre.

Chacun y travailla pendant toute la nuit,

Et la cité s'émut d'entendre tant de bruit :

Car tous ces braves gens, au lever de l'aurore,

Avec la même ardeur y travaillaient encore.

Grande fut la surprise alors des habitants,

De voir près de leurs murs nos hardis combattants,

Tous rangés en bataille ! Une frayeur mortelle

Soudain s'empare d'eux en voyant la Pucelle !

Sur elle on racontait tant de faits merveilleux,

Que son signe divin se révèle à leurs yeux ;

Et de papillons blancs une nuée entière

Leur semble voltiger autour de sa bannière.

Alors le peuple en masse et plein d'émotion,

Cria qu'il se rendait, et sans condition.

Toute la garnison, qui ne pouvait prétendre

Seule nous arrêter, consentit à se rendre.

Les notables en corps, avec solennité,

Vinrent offrir au Roi les clefs de la cité ;

Et Charles sept, au bruit de mille cris de joie,

Entra pompeusement dans sa ville de Troye.

Après un tel succès, qui le rendait heureux,

Le Roi pour la cité se montra généreux,

Et, bien qu'à son pouvoir elle se fût soustraite,

Il accordait à tous une grâce complète,

Conservait à chacun ses titres, son emploi ;

Et de tant de bonté chacun bénit le Roi.

La garnison anglaise obtint ces avantages,

De sortir de la ville avec armes, bagages,

Et tout ce qu'elle avait en sa propriété....

On se dépêcha tant à signer ce traité,

Qu'on n'avait pas songé que l'ennemi naguère

Avait fait dans nos rangs des prisonniers de guerre,

Qu'il emmenait, hélas ! Devait-on le souffrir ?

Peut-être que le Roi les eût laissés partir ;

Et ces infortunés, au milieu de nos joies,

Près des Français vainqueurs dans la ville de Troyes,

N'ayant pour nos succès que des accents plaintifs,

Devaient donc nous quitter enchaînés et captifs !

Non, non, Jeanne était là, qui soudain se transporte
En avant des Anglais et leur barre la porte.
— « En nom Dieu ! cria-t-elle, en arrêtant leurs pas,
» Les emmeneraient-ils ? Vous ne sortirez pas ! »
Le Roi qu'on informa de cette circonstance,
Payant une rançon obtint leur délivrance.
    Le reste de l'armée entra le lendemain,
Au bruit de cris joyeux acclamant le Dauphin.
Cependant les bourgeois, fiers de cette alliance,
Conservaient contre Jeanne un peu de défiance;
Car ce pouvoir occulte et si mystérieux,
Venait-il de l'Enfer ? émanait-il des Cieux ?
Un certain cordelier [21], prédicateur habile,
Qui, depuis peu de temps, habitait cette ville,
Fut vers elle envoyé pour s'assurer du fait :
Il approche de Jeanne, et, d'un air inquiet,
Fait maint signe de croix, jette de l'eau bénite,
Prononce quelques mots que sa foi lui suscite.....
— « N'ayez pas peur, dit Jeanne, en riant aux éclats,
» Mon corps ou mon esprit ne s'envolera pas. »
Ce bon père bientôt eut l'entière assurance
Que le Ciel l'inspirait pour le bien de la France,

Et ce religieux, convaincu désormais,
Voulut suivre l'armée et servir les Français.

On quitta cette ville, heureux et plein de zèle,
Comptant sur les succès promis par la Pucelle ;
Et le Roi, dans Châlons, vit, sans difficulté,
Le peuple se ranger sous son autorité.
En entrant dans la ville, à notre cause acquise,
Jeanne devait avoir une douce surprise :
Au milieu des transports de tout un peuple ami,
Elle aperçoit soudain des gens de Domremy.
Son âme a tressailli ! car cette sainte fille
Croit retrouver en eux son pays, sa famille !
Pauvre Jeanne ! malgré l'éclat de la grandeur,
Combien ce souvenir devait toucher ton cœur !
Ces bonnes gens étaient partis de leur village,
Dans l'espoir de trouver Jeanne sur son passage ;
L'un était son parrain, dont les yeux ébaubis
Ne cessaient d'admirer Jeanne et ses beaux habits,
Son casque étincelant, son armure guerrière,
Ses éperons dorés et sa blanche bannière.
Aux explications que chacun demandait,
Jeanne, avec complaisance, aussitôt répondait ;

Mais sa voix, à son tour, de questions les presse
Sur les êtres chéris qu'évoque sa tendresse :
Sa mère aux traits si doux, son père aux cheveux blancs,
Ses compagnes, son frère [22] et tous ses bons parents !
De chacun en détail elle s'est informée,
Et de tout le pays dont elle était aimée.....
Elle entendit soudain le signal du départ.....
Il fallut se quitter, hélas ! et sans retard.
La Pucelle partit pour son noble voyage,
Et ces bons paysans pour leur humble village.

On se remit en marche, et nos braves soldats,
Près d'arriver au but, accéléraient le pas.
En approchant de Reims, le Roi, pendant la route,
Sur notre réussite émettait quelque doute :
— « Bannissez, lui dit Jeanne, un puéril effroi,
» Car de Reims, sans combat, doit triompher le Roi. »
En effet, nous étions encor loin de la ville,
Que l'ennemi comprit qu'il serait difficile
Qu'il pût sur notre armée espérer un succès,
Le peuple se montrant favorable aux Français ;
Et l'Anglo-Bourguignon évacua la place.
Alors les habitants se rassemblent en masse ;

Des députés nombreux vont au-devant du Roi

Porter, au nom de tous, leur hommage et leur foi.

Le Prince fut heureux d'une telle conquête;

Aussi des députés il admit la requête,

Promettant aux Rémois, pour leur zèle empressé,

Une amnistie entière et l'oubli du passé.

L'archevêque Regnauld, qui de notre héroïne

N'avait pas approuvé la mission divine,

Qui sur son siége encor n'avait pas pu monter,

Fut pourtant le premier qui dut en profiter.

Le premier il entra dans la ville française,

Et prit possession de tout son diocèse;

Il eut l'insigne honneur, pour son premier emploi,

D'aller pompeusement reconnaître le Roi.

La ville tout entière, à la France fidèle,

Avait hâte de voir le Prince et la Pucelle.

Le peuple près des murs en haie était rangé,

Acclamant Charles sept., qu'escortait le clergé.

Jeanne venait ensuite, en tête de l'armée;

D'une céleste joie elle était animée;

Pendant que tout le peuple heureux criait : Noël!

Jeanne reconnaissante en rendait grâce au Ciel.

Quand tout participait à la commune ivresse,
Dans Notre-Dame alors, on s'occupait sans cesse
De la solennité qui, dès le lendemain,
Devait glorifier le sacre du Dauphin.
Le peuple était joyeux, en fête était la ville;
De Boussac, de Culan, de Retz et de Graville,
Comme un signe d'honneur et de distinction,
Reçurent du clergé la haute mission
D'aller à Saint-Remy chercher la Sainte-Ampoule.
Dans un grand apparat ils traversent la foule,
Et dans ce temple saint ils arrivent bientôt.
On commit à leurs soins ce précieux dépôt,
Après qu'ils eurent fait serment que l'huile sainte,
Confiée à leur garde et prise en cette enceinte,
Serait, après le sacre et le couronnement,
Reconduite par eux religieusement.
Avec solennité, sous cette noble escorte,
Au seuil de Notre-Dame un abbé la transporte,
Et l'archevêque alors, en tête du clergé,
Reçoit ce don du Ciel, dont le prêtre est chargé.
S'avançant vers le chœur, où la soie et l'or brillent
Au reflet lumineux des flambeaux qui scintillent,

Sur l'autel principal, d'étendards pavoisé,
Avec respect et foi sa main l'a déposé.

Le Prince, accompagné des douze pairs de France,
Au pied du grand autel s'agenouille en silence.
Pleine de dignité, son étendard en main,
Jeanne d'Arc se tenait, debout, près du Dauphin ;
Et malgré le haut rang de chaque personnage
Dont le Prince formait son brillant entourage,
Sur cette noble fille et sur son étendard,
Des nombreux spectateurs se portait le regard.
Les couleurs des vitraux, rayonnant dans l'enceinte,
Répandaient sur ses traits les reflets de leur teinte ;
Son front semblait paré d'un éclat radieux,
Et brillait d'un rayon saint et mystérieux.
La figure céleste et la pose ennoblie,
Jeanne représentait l'ange de la patrie,
Venant régénérer tout un peuple aux abois,
Et protéger la France en lui rendant ses rois.
Mais bientôt cette foule, au temple réunie,
Se recueille aux apprêts de la cérémonie.

D'habits pontificaux et de son pallium
Le prélat se revêt. Pendant le *Te Deum*,

Dont retentit alors l'immense cathédrale,
On place sur l'autel la couronne royale,
Les bottines de soie au reflet azuré,
Et la main de justice, attribut révéré ;
L'épée en fin acier que le sceptre accompagne,
Le sceptre surmonté des traits de Charlemagne !
Et les éperons d'or, du métal le plus pur ;
Puis, de lis parsemés, sur un fond bleu d'azur,
Y brillent à la fois la sainte dalmatique
Et le manteau royal, ainsi que la tunique.
Avec austérité, l'abbé de Saint-Denis
Garde près de l'autel ces ornements bénits.
Après mainte oraison que le prélat achève,
Charles sept, saluant l'archevêque, se lève :
Promet de maintenir avec fidélité,
L'Église gallicane en son autorité ;
De protéger le Pape au siége apostolique,
Et de vivre et mourir dans la foi catholique.
Confiant dans son zèle ainsi que dans sa foi,
L'éminent archevêque alors sacre le Roi.
Après les onctions de l'huile pure et sainte,
Le prélat le revêt, dans la publique enceinte,

Des orneménts sacrés déposés sur l'autel ;

Et, selon les pouvoirs qu'il a reçus du Ciel,

Proclame, aux cris joyeux de cette foule immense,

Charles, roi très-chrétien du royaume de France.

Combien est glorieux le sacre de nos rois !

Être l'élu du Ciel et du peuple à la fois !

En recevant ainsi la suprême puissance,

Qui commande en tout lieu respect, obéissance,

Princes, n'oubliez pas combien ces grands pouvoirs

Au roi qui les reçoit imposent de devoirs !

Jeanne près du Dauphin se tenait en silence,

Mais quand le Prince fut proclamé roi de France,

Quand cet auguste nom fut acclamé par tous,

Aux pieds de Charles sept, embrassant ses genoux,

Jeanne, au milieu des pairs, des seigneurs, des gens d'armes,

Pleine d'émotion, pleurait à chaudes larmes !

— « Gentil Roi, disait-elle, en cet auguste lieu,

» Ore est exécuté le bon plaisir de Dieu,

» Qui vient légitimer, par votre digne sacre,

» Un nom dont vous n'aviez que le vain simulacre.

» Vous êtes le vrai roi, Dieu vient de vous bénir,

» Et le royaume enfin doit vous appartenir. »

Les larmes de la joie inondaient la Pucelle,
Et les pairs, les seigneurs, tous pleuraient avec elle.
    Pouvait-on n'être pas rempli d'émotion ?
Jeanne prouvait à tous sa sainte mission ;
Elle achevait son œuvre, et cette foule immense
Lui donnait pour témoin l'élite de la France !
Ce voyage de Reims, qu'on avait tant remis,
Où nous devions trouver de nombreux ennemis,
Qui devaient, disait-on, pendant tout le voyage,
Du haut de leurs remparts nous barrer le passage,
S'effectuait pourtant, et sans qu'un seul Français
Eût payé de son sang un aussi grand succès !
Jeanne seule savait qu'en cette circonstance,
Le Roi ne devait pas trouver de résistance.
Si, vainquant les Anglais, elle eut dans maints combats,
La bravoure et l'ardeur des plus vaillants soldats ;
Si Jeanne eut les talents d'un guerrier héroïque,
Le sacre du Dauphin fut d'un grand politique :
Ce n'était qu'un succès qu'ailleurs Charle obtenait,
C'était la France à Reims que le roi conquérait !
    Après avoir marché de victoire en victoire,
Jeanne était parvenue au comble de la gloire !

Près d'elle on accourait pour suivre nos drapeaux ;
Nobles et chevaliers quittaient leurs panonceaux,
Pour porter désormais une simple bannière
Pareille à l'étendard de la jeune guerrière ;
Le peuple l'honorait comme nos plus grands saints,
Se jetait à ses pieds et lui baisait les mains ;
Son portrait à l'église était sur les murailles,
Et chacun à son cou le portait en médailles ;
Jusque dans la prière on invoquait son nom :
C'était un culte enfin, une adoration !
Jeanne toujours modeste, à son bon sens fidèle,
Ne demandait pas mieux qu'on priât Dieu pour elle,
Mais elle s'affligeait de semblables honneurs
Qu'on ne devait qu'au Ciel, et si quelques docteurs
Lui reprochaient, traitant cet amour d'hérésie,
D'entraîner des chrétiens jusqu'à l'idolâtrie,
Jeanne leur répondait, dans sa simplicité :
« Eh ! comment me garder d'un peu de vanité?
» Je ne saurais, si Dieu, dans sa bonté suprême,
» De ce vilain péché ne me gardait lui-même ! »
Quelle aimable candeur ! pauvre fille ! et comment
Pouvait-on suspecter son noble dévoûment ?

7*

A ceux qui la louaient de maint fait militaire,
Elle disait n'avoir rempli qu'un ministère ;
Que ce qu'elle avait fait le Ciel l'avait voulu.
— « Mais dans les livres, nul, disait-on, n'avait lu
» Rien de si merveilleux ! » — « C'est qu'on ne saurait lire,
» Et si fin que l'on soit, au livre de Messire ! »
On demandait encor pourquoi son étendard
Au sacre du Dauphin venait prendre une part.
— « Vous l'avez vu partout à maints périls en proie :
» Il était à la peine, il doit être à la joie. »
    Qu'elle-même priât, c'était bien... C'était peu :
Elle forçait aussi l'armée à prier Dieu.
Xaintrailles, d'Alençon, et La Hire lui-même,
Devant elle n'osaient prononcer un blasphème :
C'était renier Dieu ! Pour qu'il nous exauçât,
Elle obtint que La Hire un jour se confessât [25].

    Quand elle apercevait ces filles mal famées,
Qu'on voyait en ce temps fréquenter nos armées
Leur présence indignait son austère pudeur,
Et Jeanne sévissait parfois avec rigueur.
Celles qu'on supposait n'être pas mariées,
Étaient le plus souvent sans pitié renvoyées.

Un jour elle en vit une affronter son courroux :
Jeanne la poursuivit, en lui donnant des coups
D'une arme que toujours portait cette héroïne ;
C'était l'épée, hélas ! de sainte Catherine ;
Cette épée à cinq croix, qui nous favorisa,
Aux mains de la Pucelle à l'instant se brisa !
On y vit un présage, et le Roi, qui s'alarme,
A Jeanne reprocha la perte de cette arme ;
Jeanne la regrettait, mais elle avait vengé,
En la sacrifiant, son honneur outragé.

Son exquise pudeur se montrait en campagne,
Où pour passer les nuits elle avait pour compagne,
Surtout quand nos soldats étaient en garnison,
La fille d'un bourgeois d'une honnête maison :
La plus riche parfois se trouvait refusée,
Et souvent la plus pauvre était favorisée.
Quand elle ne pouvait trouver ces logements,
Elle couchait alors avec ses vêtements.
Cette chaste pudeur était si naturelle,
Qu'elle savait à tous l'inspirer autour d'elle ;
Et La Hire, Dunois, le jeune d'Alençon,
Son fidèle écuyer le chevalier d'Aulon,

Qui, sans cesse auprès d'elle, ajustait ses armures,
Seul entrait dans sa chambre et pansait ses blessures,
Et ces deux chevaliers, jeunes et nobles cœurs,
Qui l'avaient escortée en quittant Vaucouleurs,
Tous disent que jamais une seule pensée,
Qui pût même effleurer sa pudeur offensée,
Ne vint à leur esprit : tant son candide aspect
A ceux qui l'approchaient commandait le respect !
Cette fille du Ciel, digne de nos louanges,
Eut la vertu des saints et le charme des anges.

    Jeanne allait quitter Reims, mais avant son départ,
Elle embrassa son père et son oncle Laxart.
Tous les deux enivrés de la commune ivresse,
Avaient voulu revoir l'enfant de leur tendresse ;
Mais cet être commis à la garde de Dieu,
Qu'à l'envi sur leur cœur ils pressent en ce lieu,
Ce n'est plus Jeanne d'Arc, la timide bergère,
C'est la noble Pucelle et l'illustre guerrière
Qui, restaurant le trône et notre nation,
Accomplissait à Reims sa sainte mission !
La pauvre enfant ressent, en ce moment suprême,
Le désir, le besoin de revoir ce qu'elle aime ;

Son cœur aimant n'a plus à vaincre d'ennemi,

Il est près de sa mère, il est à Domremy,

Il est aux lieux chéris de son heureuse enfance !

Et Jeanne, avec ferveur, demande au roi de France,

Après tant de combats, tant de nobles travaux,

La grâce de rentrer dans son humble repos.

En formant un tel vœu, Jeanne d'Arc pouvait croire

Que le Roi, jusqu'alors inactif et sans gloire,

Après avoir reçu, par la grâce des cieux,

Ce titre inespéré, ce nom si glorieux

En qui tous ses sujets mettaient leur espérance,

Devait être à jamais le soutien de la France,

Et que, par sa valeur chassant les ennemis,

Il entrerait bientôt triomphant dans Paris.

Mais non, Charles n'eut pas l'héroïsme en partage,

Ce feu sacré du cœur qui donne le courage.

Exploitée avec art par de vils courtisans,

Son apathie, hélas ! devait durer longtemps !

Charles voulant garder la noble et sainte fille,

Jeanne, en pleurant, renonce à revoir sa famille ;

Pour servir son pays elle obéit au Roi,

Mais Jeanne n'aura plus en elle autant de foi.

## VII.

## COMPIÈGNE.

Après un court séjour, notre vaillante armée
Quittait Reims avec gloire et d'ardeur enflammée.
Le sacre du Dauphin et nos succès acquis,
A l'heureux Charles sept livraient tout le pays ;
De son titre de roi, tout le long du voyage,
Chacun le saluait et lui rendait hommage ;
De Laon et de Soissons, de nombreux députés
Venaient lui présenter les clefs de leurs cités ;
Coulommiers et Crécy, Provins et d'autres villes
Se rendant, nous donnaient des conquêtes faciles ;
Et dans Château-Thierry, les Anglo-Bourguignons
Durent capituler devant nos bataillons.
Si le Roi sur Paris avait marché, peut-être
Qu'en cet heureux moment il s'en fût rendu maître ;
C'était l'avis de Jeanne, et Jeanne jusqu'alors,
Avait d'un plein succès couronné nos efforts.

Le Régent, inquiet, redoutait cette audace
Et n'était pas certain de défendre la place.
Pendant qu'il rassemblait de nombreux combattants,
En intrigues de cour nous perdions notre temps ;
Dans le duc de Bourgogne on avait confiance :
Il nous donnait l'espoir d'une utile alliance.
Tandis que vainement le Roi négociait,
Dans Paris avec hâte on se fortifiait ;
Et quand Charles donna l'ordre de nous y rendre,
L'Anglais était en force et pouvait se défendre.

Cependant la Pucelle et tous nos généraux
Demandaient qu'en avant on portât nos drapeaux.
La Trémouille et le Roi voulurent le contraire ;
Le favori surtout craignait trop qu'à la guerre,
Charles ne prît bientôt cet esprit belliqueux
Que portaient aux combats ses illustres aïeux :
Que la gloire, l'honneur, le salut de la France
N'affaiblissent un jour sa fatale influence !
Il avait pour appui ces lâches courtisans
Qui redoutaient la guerre et le séjour des camps ;
Tous, jusqu'à Charles sept, las de porter les armes,
Des douceurs du repos voulaient goûter les charmes ;

Et la Cour décida qu'il fallait, sans délai,

Tenter de repasser la Seine au pont de Bray.

Les bourgeois nous avaient assuré le passage,

Et pour gagner la Loire on se mit en voyage ;

De revoir la Touraine on se montrait jaloux :

Mais à Bray les Anglais se trouvaient avant nous.

Le Roi nous fit alors retourner en arrière,

Au grand contentement de nos hommes de guerre,

Qui, par ce fait, devaient se porter en Valois,

D'où sur Paris, peut-être, on irait cette fois.

Tout le long du chemin et dans chaque village,

On acclamait le Roi partout sur son passage ;

Le peuple, avec amour, criait : Noël, Noël !

Et de voir Charles sept il rendait grâce au Ciel !

La Pucelle avait part à ce naïf hommage :

Ce peuple l'admirait et vantait son courage.

Jeanne, près de Dunois, marchait modestement ;

Elle pleurait de joie et d'attendrissement,

Et disait, en voyant tout ce peuple en liesse

Exalter ses transports avec tant d'allégresse :

« Quel bon peuple, ô mon Dieu ! quel amour ! quelle foi !

» Non, je n'en ai pas vu, qui, pour un si bon roi,

» Fît autant éclater, dans son éjouissance,

» De bonheur, de respect et de reconnaissance !

» Et lorsque je mourrai, puisse-t-il plaire à Dieu

» Que je sois, par sa grâce, inhumée en ce lieu. »

— « Jeanne, lui dit Dunois, savez-vous, par avance,

» Quel lieu, quel temps doit voir finir votre existence ? »

— « Non, non, je laisse à Dieu, dont j'ai suivi la loi,

» Le soin de disposer de ma vie et de moi.

» Je crois avoir rempli sa volonté suprême,

» Et voudrais que le Roi me rendît à moi-même,

» Pour que je puisse encore, heureuse en mon pays,

» Vivre avec mes parents et garder mes brebis. »

Non, tu ne verras plus, hélas ! ô sainte fille,

Domremy, Vaucouleurs, tes amis, ta famille !

Tes jours te sont comptés, et la main du bourreau

Va bientôt de ta vie éteindre le flambeau.

Nul n'ira sur ta tombe adresser de prière,

Et ton corps ne doit point reposer dans la terre ;

Il est promis au feu !... ta cendre, pauvre enfant,

Ta cendre doit bientôt être jetée au vent !

A Crespy, Charles sept fut entouré d'hommages

Et reçut en ce lieu deux importants messages :

— Tant les soumissions partout se succédaient !
A la France, Compiègne et Beauvais se rendaient.
A Beauvais, le prélat, de sanglante mémoire,
Qu'à l'exécration livrera notre histoire,
S'étant pour les Anglais lâchement prononcé,
Par tous les habitants avait été chassé.

Le Roi quitta Crespy pour se rendre à Compiègne,
Où par des cris de joie on salua son règne.
Ce prince pour la paix négociait toujours ;
Nos succès cependant augmentaient tous les jours.
La Hire entreprenait une marche hardie :
Il avait pénétré jusques en Normandie ;
A de nombreux succès sa gloire avait pris part,
Quand il vint attaquer le fort Château-Gaillard.
Le commandant anglais, s'étant laissé surprendre,
A ce vaillant guerrier s'empressa de se rendre.
On trouva dans le fort le sire Barbazan,
De notre ancienne armée un brave vétéran,
Qui, par nos ennemis, dans un temps difficile,
En défendant Melun fut pris avec la ville.
Déjà, depuis neuf ans, dans un étroit donjon,
Ce digne chevalier languissait en prison.

Son cœur à notre aspect se livre à l'espérance,
Et son bras pourra donc encor servir la France !
Maudissant les auteurs de sa captivité,
Il jure de mourir pour notre liberté.

Quand nos guerriers marchaient de victoire en victoire,
Le Connétable aussi guerroyait avec gloire ;
Après avoir vaincu l'Anglais dans maints combats,
Ses troupes s'approchaient déjà de nos soldats.
Le Roi, par nos succès acquis en Normandie,
Pouvait en obtenir d'autres en Picardie ;
Mais, pour nous arrêter, le Régent avait pris
La résolution de sortir de Paris.
Paris était l'espoir, le but de la Pucelle !
Aussi quand elle apprit cette heureuse nouvelle,
Elle fit appeler le jeune d'Alençon,
Et lui dit : « Gentil Duc, en cette occasion
» Tout semble protéger notre cause commune,
» Et je serais d'avis de tenter la fortune !
» Ralliez vos guerriers et marchons sans délais,
» Car j'ai hâte, beau Duc, de voir Paris de près. »
Jeanne d'Arc déploya sa glorieuse enseigne ;
Nos guerriers rassemblés sortirent de Compiègne ;

D'Alençon rallia des troupes à Senlis,

Et tous, avec bonheur, vinrent à Saint-Denis.

Jeanne du temple saint salua le portique,

Pria dévotement dans cette basilique,

Où nos rois vénérés, en de sombres caveaux,

Dorment silencieux dans la nuit des tombeaux.

    Au dessein d'attaquer si tôt la capitale,

La Trémouille opposait la volonté royale ;

Les membres du Conseil craignaient un insuccès

Et préféraient du Roi poursuivre les projets.

Par le duc de Bourgogne on avait l'espérance

De conclure une paix favorable à la France,

Et les Parisiens s'étaient tant compromis,

Qu'on devait les compter parmi nos ennemis ;

D'autant plus que l'Anglais, n'étant pas sans alarmes,

Leur faisait redouter le succès de nos armes ;

Leur disant que le Roi, contre eux plein de courroux,

Vainqueur dans la cité les immolerait tous.

Aussi chacun s'arma pour défendre une vie

Que l'Anglais sous son joug maintenait asservie.

    Cependant d'Alençon, par différents écrits,

Cherchait à ramener les bourgeois de Paris.

Les proclamations qu'il lançait dans la ville,

Restèrent sans effet ; il parut inutile

De compter désormais sur les Parisiens :

Il fallait recourir aux extrêmes moyens,

En emportant d'assaut les remparts de la place.

Jeanne, par son courage et son heureuse audace,

Devait en triomphant entrer dans la cité ;

Mais Jeanne n'avait plus la même autorité !

Après tant de succès et tant de hauts faits d'armes,

Son âme était en proie à de vives alarmes :

Cette gloire si pure avait des envieux ;

Ceux qu'elle avait sauvés, avec l'aide des Cieux,

Niaient sa mission ; et la noble Pucelle,

Sentait parfois faiblir sa confiance en elle.

Tantôt elle voulait se porter sur Paris,

Tantôt elle aimait mieux rester à Saint-Denis,

Priant le Roi du Ciel d'achever son ouvrage.

Cependant son grand cœur avait même courage,

Son âme même foi dans le secours de Dieu,

Mais elle n'osait plus commander en ce lieu.

L'attaque de Paris, tant de fois rejetée,

Par le roi Charles sept enfin fut acceptée.

De notre capitale on résolut l'assaut !
Jeanne y fut entraînée, et nos troupes bientôt
Se mirent en chemin, pleines d'un nouveau zèle,
Et marchèrent ainsi jusques à La Chapelle.
Nous nous trouvions alors assez près de Paris ;
Et dès le lendemain le dessein était pris
D'attaquer les remparts de cette ville immense :
Le Roi nous promettait l'appui de sa présence !

Dès le matin du jour de la Nativité,
On partit, et bientôt les murs de la cité
Et ses forts boulevards s'offrirent à la vue.
Une active défense avait été prévue ;
Mais nos hardis guerriers, à la butte Saint-Roch,
De pied ferme attendaient l'Anglais au premier choc.
Notre armée en bataille et la Pucelle en tête,
Tout faisait de Paris présager la conquête.

Plein d'espoir et d'ardeur, le soldat inspiré
Obéit à ses chefs, et de Saint-Honoré
La porte qu'on attaque est à l'instant forcée ;
La troupe qui la garde est partout repoussée,
Et, ne pouvant tenir, se retire à l'écart,
En nous laissant vainqueurs du premier boulevard.

Jeanne a retrouvé là son audace guerrière ,

Car toujours en avant elle était la première ;

Elle se précipite au-delà d'un fossé ,

Que sans inquiétude elle avait traversé ,

Quand un autre bientôt lui barre le passage :

La profondeur des eaux arrête son courage !

Elle ordonne à ses gens de combler de leur mieux

Cet obstacle , où l'on va perdre un temps précieux ;

Car toutes ces lenteurs irritent son audace ;

Et du bout de sa lance elle cherche une place ,

Un endroit pour passer qui semble moins profond :

Mais sa lance partout ne trouve pas de fond.

Hélas ! pendant ce temps , une horrible tempête

De boulets , de mitraille et de traits d'arbalète ,

De ses feux meurtriers vient foudroyer nos gens ,

Et porte la terreur parmi les assiégeants.

Jeanne , aux Parisiens qu'elle avait en présence ,

Criait : « Rendez la ville au noble roi de France !

» Et sous notre drapeau , que Dieu veut protéger ,

» Français , rallions-nous et chassons l'étranger. »

Mais le porte-étendard qui suivait la Pucelle ,

Est frappé d'une flèche et vient mourir près d'elle.

Des traits de l'ennemi, lancés à bout portant,
Elle-même est blessée et tombe au même instant.
Mais rien, sinon la mort, devant qui tout s'incline,
Ne pouvait arrêter cette noble héroïne :
Voyant pour se lever ses efforts superflus,
Saignante elle s'étend sur l'herbe du talus;
Et là, l'éclair aux yeux, le sourire à la bouche,
Sous l'oblique rayon du soleil qui se couche,
Au travail des soldats, déjà fort avancé,
Jeanne commande encor sur le bord du fossé.
— « Cet obstacle vaincu, nous avons, disait-elle,
» Dans la grande cité plus d'un ami fidèle,
» Que l'ennemi retient esclave sous sa loi,
» Et qui pour se montrer n'attend plus que le Roi.
» La victoire est à nous, de la persévérance !
» Et les Anglais fuiront devant le Roi de France. »
    Le Roi ne viendra pas à l'assaut de Paris ;
C'est Jeanne qui doit fuir devant les ennemis !
La Trémouille imposait cet ordre à la Pucelle !
Les chefs se disposaient à le suivre ; mais elle,
Pleine de confiance en la bonté de Dieu,
Ne voulait pas si tôt abandonner ce lieu ;

— « Attendons, disait-elle, et travaillons encore ;
» Les bons Parisiens, au lever de l'aurore,
» Las enfin de porter le joug de l'étranger,
» Sous le drapeau français viendront tous se ranger. »
On ne l'écoutait plus, et déjà la nuit sombre
Commençait à couvrir la cité de son ombre ;
Les soldats s'alignaient, attendant le départ,
Et Jeanne restait seule au-devant du rempart !
D'Alençon, qui naguère à Jeanne dut la vie,
La ramena souffrante et de dégoûts remplie.

On partit. En chemin, sans honte, sans respect,
On osait accuser Jeanne de notre échec !
Jeanne, que sur Paris on avait entraînée,
Qui, malgré sa blessure, au combat acharnée,
Avait, par son courage animant les Français,
Donné le noble espoir d'un glorieux succès :
Car, que le Roi parût, et la ville opprimée
Se fût rendue alors à notre brave armée !
On avait éprouvé des pertes dans l'assaut,
A Jeanne, sur la route, on s'en plaignait tout haut ;
Elle avait, disait-on, promis une victoire,
Et notre échec devait entacher sa mémoire.

Non, la honte est à ceux dont les complots secrets
Ont seuls fait avorter ses splendides projets.
Toi-même, ô Charles sept... Ah! ma plume loyale
Veut respecter en toi la majesté royale :
Mon vers ne cloûra pas ton nom au pilori ;
Mais laisse-moi flétrir ton lâche favori !
C'est lui qui, jalousant de Jeanne la puissance,
Arracha de ses mains le salut de la France,
Et voulut par l'intrigue, en tout temps, en tout lieu,
Faire mentir ses voix et contrecarrer Dieu !
D'autres ont pris leur part de cet odieux crime.....
Je me tais, par respect pour leur sainte victime :
Pauvre Jeanne ! il manquait à ta célébrité,
La gloire de lutter contre l'adversité.
Ta coupe, de douleurs un jour sera remplie,
Et tu dois la vider, hélas! jusqu'à la lie.

   Par ce premier revers, on avait des Anglais
Relevé le courage, et perdu désormais,
Ou du moins pour longtemps, l'enivrante espérance
De hâter du pays l'entière délivrance.
Du moment qu'à l'assaut on s'était présenté,
C'était avec l'espoir d'entrer dans la cité ;

Devant le Roi, l'armée aurait fait des prodiges,
Et Jeanne eût conservé ses glorieux prestiges.
Mais sans assez de force on avait attaqué ;
Le Régent revenait, le but était manqué ;
Et le Roi, sans argent, peu soucieux de gloire,
Pensait à retourner aux rives de la Loire.

Jeanne, que nos soldats saluaient de leurs cris,
Silencieuse et pâle, entre dans Saint-Denis...
Le cœur gros de soupirs, les yeux baignés de larmes,
Au pilier de l'église elle suspend ses armes ;
Puis, au Roi qui la suit, elle adresse ce vœu :
« Sire, je crois avoir rempli l'ordre de Dieu,
» Qui voulait qu'Orléans obtînt sa délivrance,
» Et que je fisse à Reims sacrer le roi de France.
» Si j'ai pu, par sa grâce, accomplir ses desseins,
» Dieu veut que le pays soit sauvé par vos mains.
» Permettez-donc enfin que Jeanne, pauvre fille !
» Puisse mourir en paix au sein de sa famille ;
» Marchez à l'ennemi, vous le vaincrez ; et moi,
» Je prîrai le Seigneur pour la France et le Roi. »
Le pays et l'armée avaient trop besoin d'elle,
Pour que le Roi cédât aux vœux de la Pucelle,

Tous nos chefs l'entouraient, et tous en ce moment
Exaltaient son courage et son grand dévoûment !
Pour la récompenser, le Roi, dans sa largesse,
Lui donne, avec éclat, des titres de noblesse,
Pour elle, sa famille et sa postérité.
Jeanne acceptant ces dons perdit sa liberté ;
Aux caprices du sort elle était condamnée,
Et devait jusqu'au bout suivre sa destinée.

Au gré des courtisans, nos guerriers réunis
Déjà se préparaient à quitter Saint-Denis.
Mais, avant de partir, on devait, par prudence,
Des villes qu'on quittait augmenter la défense.
Pour soutenir Beauvais, Creil, Compiègne et Senlis,
Le Roi prit dans nos rangs des soldats aguerris,
Qui, conduits par des chefs éprouvés, pleins d'audace,
Partirent pour aller renforcer chaque place.
Le reste de l'armée eut un plus doux emploi,
En allant à Gien accompagner le Roi.
Gien ! d'où la Pucelle était partie heureuse,
Pour l'expédition la plus aventureuse
Dont l'histoire ait gardé le noble souvenir !
Trois mois s'étaient passés, Jeanne allait revenir

Jouir de son triomphe, et prendre part aux fêtes
Qui devaient célébrer ses illustres conquêtes.

A peine les Français sortaient de Saint-Denis,
Que le Régent, en force, arrivait à Paris.
Les conseillers du Roi conservaient l'espérance
Que le duc de Bourgogne, avec le roi de France
Négociant toujours, nous donnerait la paix ;
Mais le Duc au Régent s'alliait désormais.
Tout en gardant pour nous l'apparence amicale,
Il venait à Paris, et, dans la capitale,
Bedford, appréciant quel était son pouvoir,
Avec un grand éclat voulut le recevoir.
Les grands de la cité vinrent lui rendre hommage ;
Tout le peuple cria : Noël ! sur son passage :
Sous le joug des Anglais il n'était pas heureux,
Et tout haut dans Paris il exprimait ses vœux,
En demandant au Duc de prendre la régence ;
Et Bedford accepta cette dure exigence !
Mais en se démettant de son autorité,
Il s'alliait au Duc par un nouveau traité,
Qui devait lui donner une entière assurance
D'éloigner à jamais le Duc du roi de France.

Pendant que dans Gien on cherchait des plaisirs,

Qu'en Touraine le Roi promenait ses loisirs,

Les Anglais agissaient, annulant les conquêtes

Que glorieusement nos soldats avaient faites.

Tant de braves Français, à Charles sept soumis,

Succombaient sans défense aux coups des ennemis.

L'Anglais, par la terreur, le meurtre, l'incendie,

Reprenait tous les forts conquis en Normandie ;

Torcy, Château-Gaillard, épuisés, aux abois,

Se rendirent après un siége de six mois.

Les ennemis vainqueurs, dans leur haine implacable,

Firent là des Normands un massacre effroyable ;

Mais malgré tant d'horreurs, de sévices affreux,

Partout il se tramait des révoltes contre eux.

A Rouen, un complot s'ourdissait en silence,

Qui ne put des Anglais tromper la vigilance ;

Aussi les conjurés eurent le même sort,

Et tout ce qui fut pris fut soudain mis à mort.

Mais tant de cruauté pourtant ne put suffire

A retenir oisif l'intrépide La Hire,

Qui, forçant les Anglais d'abandonner Louviers,

Jusqu'aux murs de Rouen amenait ses guerriers.

Si le roi Charles sept, animé d'un beau zèle,

Eût suivi les avis que donnait la Pucelle,

Qui voulait qu'on allât au cœur de ce pays,

Protéger les Normands contre nos ennemis;

En sauvant du trépas tant de nobles victimes,

Nos guerriers de Bedford eussent vengé les crimes.

Mais non, on préféra perdre un temps précieux,

Passé dans les conseils en débats spécieux.

Au Roi qui présidait, La Trémouille fit croire

Qu'il fallait retourner aux rives de la Loire,

Pour purger ce pays du reste des Anglais.

— Et nous laissions ailleurs égorger des Français !

    La Pucelle et d'Albret devaient guider l'armée

Qui pour cette campagne avait été formée.

Jeanne quitta Gien avec son écuyer,

Et nous vîmes bientôt Saint-Pierre-le-Moustier.

Nous n'étions pas nombreux, cette petite ville

Parut à nos guerriers d'un accès difficile,

Et nous ne pensions pas la forcer de sitôt,

Quand Jeanne commanda de marcher à l'assaut.

Malgré les bastions et malgré les entraves

Qu'il fallait surmonter, les Français toujours braves

A la suite de Jeanne et sous le feu des forts,

S'élancent pour franchir les fossés... Vains efforts :

La garnison nombreuse, aux combats aguerrie,

Décimait nos soldats par son artillerie.

Jeanne, là comme ailleurs, sans froncer le sourcil,

Semblait braver la mort au plus fort du péril.

Nos soldats inquiets se jettent en arrière.

Jeanne, sans reculer, brandissant sa bannière,

Rappelle les Français du haut d'un mamelon.

Alors, quoique blessé, son écuyer d'Aulon,

Craignant pour Jeanne d'Arc une perte certaine,

Se traîne à ses côtés, épuisé, hors d'haleine :

— « Jeanne, vous êtes seule, il faut fuir, il est temps,

» Car déjà loin de vous sont tous nos combattants. »

— « Non, non, ne craignez rien, brave d'Aulon, nous sommes,

» Vous et moi, soutenus... J'ai cinquante mille hommes ! »

Notre armée, à ces mots, croit qu'un secours divin,

Visible à Jeanne d'Arc, nous arrive soudain ;

Et nos soldats, honteux d'un manque de courage,

Reviennent aussitôt et forcent le passage.

Jeanne d'Arc, profitant de ce suprême effort,

A leur tête bientôt pénètre dans le fort.

Après ce coup hardi, qui nous couvrait de gloire,
On voulut attaquer la Charité-sur-Loire,
Où Perrinet Grasset, courageux Bourguignon,
Avec de bons soldats était en garnison.
Jeanne, ne voulant pas poursuivre cette guerre
Et blâmant ce dessein, fut d'un avis contraire ;
Cependant de Boussac et le sire d'Albret
La firent consentir à suivre leur projet.
Cette expédition était aventureuse,
Sans vivres, sans argent... Elle fut malheureuse ;
Et nos soldats, après un ou deux jours d'assaut,
De ce fort important s'éloignèrent bientôt.

On revint à Gien ; Jeanne et nos capitaines
Purent dans le repos passer quelques semaines.
On sut, et ce bonheur compensa notre échec,
Que Paris se montrait sous un meilleur aspect :
S'il s'y trouvait encor des passions mauvaises,
Ses aspirations redevenaient françaises,
Et pour nous dans Paris se formaient des complots.
L'Anglais les déjouait ; mais la mort, les cachots,
N'empêchaient pas le peuple, en proie à tant d'alarmes,
D'appeler de ses vœux le succès de nos armes.

Si les Anglais étaient entrés à Saint-Denis,
Ailleurs nos garnisons maintenaient le pays.
Sitôt qu'on eut appris cette heureuse nouvelle,
Tous nos braves guerriers, ainsi que la Pucelle,
Las enfin d'un repos dont ils voulaient sortir,
Avec empressement demandaient à partir ;
Et le Roi consentit à reprendre la guerre,
Près de la capitale où nous étions naguère.
Tous nos soldats montraient ardeur et dévoûment,
Et Jeanne de l'armée eut le commandement.

A peine dans Melun on venait de se rendre,
Qu'une troupe d'Anglais arrivait, pour reprendre
Ce point, où nos soldats étaient en garnison.
La Pucelle bientôt en avait eu raison.
Les Anglais dispersés, on rentra dans la ville,
Pour goûter un repos à nos troupes utile.

Jeanne, pendant le temps à ses loisirs laissé ,
Seule, se promenait sur le bord d'un fossé.
Elle se demandait, sur son destin rêveuse,
Où devait la mener sa vie aventureuse...
Quand ses voix, de son sort voulant la prévenir,
Vinrent lui révéler ainsi son avenir :

« Jeanne, avant la Saint-Jean, tu tomberas vivante
» Aux mains des ennemis ! Garde une foi fervente
» En Dieu, qui doit bientôt te rappeler à lui,
» En nous, qui te suivrons et serons ton appui. »
Et presque tous les jours, elle entendait les saintes
Lui répéter ces mots... Sans proférer de plaintes,
Jeanne se résignait à son malheureux sort,
Quoiqu'elle eût préféré souffrir cent fois la mort.
Mais ce malheur prochain, ce sinistre présage,
Ne devait pas pourtant altérer son courage ;
Si Jeanne des conseils s'éloignait désormais,
Au feu nous la verrons, en tête des Français,
Contre nos ennemis combattre à toute outrance,
Pour le bien du pays et l'honneur de la France.

Certain chef Bourguignon, nommé Franquet d'Arras,
Qu'on signalait parmi les plus grands scélérats,
A la tête d'Anglais vivant de leurs rapines,
Avait porté l'effroi dans les villes voisines.
Un jour, tous ces bandits, chargés de leur butin,
Assez près de Lagny se trouvaient en chemin.
Ils revenaient souillés de meurtre et de pillage,
Quand Jeanne, les guettant, leur barra le passage.

Les deux partis étaient chacun en nombre égal.
L'Anglais, en nous voyant, descendit de cheval,
Et derrière une haie il se mit en bataille ;
Couvert de cet abri comme d'une muraille,
Il osait espérer un facile succès ;
Mais Jeanne, sur ses pas entraînant les Français,
Qu'elle inspire toujours de son ardeur guerrière,
Franchit du premier choc cette faible barrière,
Et sur l'ennemi tombe impétueusement.
Surpris et culbutés dans leur retranchement,
Ces hommes tenaient bon et jusques à la rage,
Pour repousser nos coups, ils portaient le courage :
Pour les vaincre il fallut les exterminer tous ;
Franquet échappa seul, en se rendant à nous.
Les juges de Lagny , de par leur ministère,
Mettant ce criminel hors des lois de la guerre,
Vinrent le réclamer pour suivre son procès ;
Franquet par le supplice expia ses forfaits.
Ce jugement alors paraissait légitime ;
Eh ! pourquoi donc plus tard venir en faire un crime
A Jeanne , dont le cœur, sensible et généreux,
S'apitoyait aux maux de tous les malheureux ;

A Jeanne qu'on voyait, après chaque victoire,
A soigner les blessés mettre toute sa gloire,
Allant aux plus souffrants prodiguer ses bienfaits,
Qu'ils fussent ennemis ou qu'ils fussent Français ?

D'après tant de combats gagnés par la Pucelle,
L'ennemi n'osait plus se montrer devant elle :
— Il avait tant de fois par elle été battu. —
Cherchant à relever son courage abattu,
A Londres, le Conseil prit, dans cette occurrence,
La résolution, pour subjuguer la France,
D'envoyer des renforts, et le roi Henri six,
Qu'on voulait au plus tôt sacrer à Saint-Denis.
Et ce roi de neuf ans, avec ses gens de guerre,
Pour vaincre Jeanne d'Arc partit de l'Angleterre.
Sa jeune Majesté, comptant sur des succès,
Fut reçue en triomphe aux portes de Calais.
A Rouen, à Paris, l'Anglais, avec ivresse,
Se livrait aux transports d'une vive allégresse ;
Au peuple il annonçait, pour ranimer sa foi,
Que le duc de Bourgogne, avec le jeune roi,
Amenant une armée intrépide et fidèle,
Devait anéantir à jamais la Pucelle.

Au temps où Charles sept avait foi dans la paix,
Le chef des Bourguignons, en flattant ses projets,
Avait fait croire au Roi que, pour finir la guerre,
Compiègne dans ses mains devenait nécessaire.
Le Roi s'était hâté de souscrire à ce vœu,
En donnant l'ordre exprès d'abandonner ce lieu;
Et le duc de Bourgogne, heureux de sa requête,
S'applaudissait déjà d'une telle conquête !
Mais cet ordre imprudent ne sera pas suivi :
Le commandant du fort, Guillaume de Flavy,
Homme dur et cruel, mais soldat fier et brave,
Ne voulut pas subir un échec aussi grave !
Il refusa. Le Duc ne perdit pas pourtant
L'espoir d'entrer un jour dans ce fort important.

La prise de la place, en secret projetée,
Par le Duc aujourd'hui devait être tentée :
Et tout semblait du Duc favoriser l'espoir.
La Pucelle parut aussi s'en émouvoir,
Car elle se rendit aussitôt à Compiègne.
Le peuple fut joyeux en voyant son enseigne
Qui venait relever l'esprit des habitants,
Et réchauffer l'ardeur de tous nos combattants.

Les Anglo-Bourguignons, par des succès faciles,
Avaient déjà repris plusieurs petites villes ;
Leurs troupes, chaque jour, recevant des renforts,
Se frayaient des chemins pour assiéger les forts.

Quoique Jeanne en tout lieu multipliât ses courses,
Quoiqu'en elle on trouvât toujours quelques ressources,
L'ennemi, s'avançant sans être inquiété,
Se rapprochait ainsi des murs de la cité.
Mais Jeanne était partout, et partout sa présence
Apportait un espoir aux amis de la France.
Pleine de dévoûment, elle était à Crespy,
Quand on lui fit savoir enfin que l'ennemi
Environnait Compiègne en s'y portant en masse,
Et qu'il entreprenait le siége de la place.
Jeanne d'Arc rassembla quatre cents combattants,
Tous pleins d'un grand courage ; et, sans perdre de temps,
Elle se préparait à secourir la ville :
Quoique dans ce moment il parût difficile
Qu'elle pût, sans donner l'éveil aux assiégeants,
Arriver à Compiègne ainsi que tous ses gens.
Mais Jeanne vers minuit, se mettant en voyage,
S'y trouvait le matin, sans perte ni dommage.

Cette place était forte et ses guerriers nombreux ;
Les bourgeois animés d'un zèle chaleureux ;
Sur la gauche de l'Oise heureusement placée,
Une tête de pont, une longue chaussée,
Beaucoup d'artillerie et de forts boulevards,
Tenaient loin de ses murs les ennemis épars ;
Et dût-elle subir un siége d'une année,
Elle était largement approvisionnée.

L'ennemi se groupait dans ses positions :
On voyait à Coudun le chef des Bourguignons ;
Et près du confluent de l'Oise et de l'Aronde
Se tenait Luxembourg ; une part de son monde,
Aux ordres de Noyelle, était à Marigny,
L'autre part à Clairoix ; puis lord Montgomery,
Qui d'Anglais commandait une troupe complète,
Était, à l'occident, campé près de Venette.

Après que l'on eut bien examiné les lieux,
Flavy voulut frapper un coup audacieux :
Il comptait sur l'élan qu'inspirait la Pucelle,
Pour aller repousser le sire de Noyelle,
Qui, près de la chaussée, avec activité,
Élevait des travaux menaçant la cité.

Le soir, sur l'ennemi se portant en silence,
On espérait surprendre ainsi sa vigilance,
Et pouvoir le chasser du camp de Marigny,
Avant qu'à son secours ne vînt Montgomery.
Jeanne reçut cet ordre et s'y soumit sans peine,
Car la part du péril était toujours la sienne ;
Et, pour s'y préparer, dans l'église du lieu,
Jeanne, dévotement, s'en alla prier Dieu.
Sa fervente prière à peine était finie,
Qu'elle vit une foule, au temple réunie,
D'enfants et de vieillards accourus pour la voir,
Qui de prier aussi se faisaient un devoir.
— « Mes enfants, mes amis, mes frères, leur dit-elle,
» Vous venez en ce lieu prier pour la Pucelle ;
» Ah ! priez le Seigneur, avec humilité !
» Car, sans haine, je puis vous dire, en vérité,
» Qu'un homme m'a vendue et que je suis trahie !...
» Ah ! priez pour le Roi, priez pour la patrie ! »
Mais le temps s'écoulait et Jeanne, sans retard,
Devait quitter l'église et songer au départ.
En sortant du saint lieu son âme était tranquille ;
Le rendez-vous était au milieu de la ville ;

Elle arrive bientôt, ses guerriers étaient prêts :
Jeanne pouvait compter cinq ou six cents Français.
On part, on passe l'Oise, et soudain la Pucelle
Tombe sur le quartier du sire de Noyelle,
Dont les soldats surpris sont bientôt dispersés,
Et jusques à Clairoix se trouvent repoussés.
Là, ce choc imprévu met le camp en alarmes,
Et chacun, en fuyant, s'agite et crie aux armes.
Luxembourg, au galop venant en ce moment,
Offre aux soldats épars un point de ralliment ;
Et de nos ennemis, de seconde en seconde,
Le nombre grossissait devant le peu de monde
Que Jeanne jusque-là guidait avec succès ;
Quand on vit de Venette accourir les Anglais,
Qui furent cependant, dans leur course empressée,
Arrêtés par nos gens placés sur la chaussée.
Le combat s'engageait partout en même temps,
Mais le trouble à Clairoix s'était mis dans nos rangs ;
Bon nombre de Français, ayant fait volte-face,
Fuyaient en ce moment vers les murs de la place.
En voyant notre échec, l'Anglais, encouragé,
Charge et pousse en avant ; il était protégé

Par notre troupe même en ces lieux entassée :
Car Anglais et Français étaient sur la chaussée ;
Et nos canons, tirant sur ces gens réunis,
Devaient frapper alors amis comme ennemis.
Ailleurs les Bourguignons, pleins d'une ardeur nouvelle,
Par leur nombre accablaient les gens de la Pucelle,
Dont la plupart, hélas ! étaient en fuite ou morts ;
Jeanne en était réduite aux suprêmes efforts !
Il fallait cependant gagner la forteresse !...
Employant tour à tour le courage et l'adresse,
Rompant, mais pas à pas, devant les ennemis,
Que son prestige encor retenait indécis,
Jeanne les maintenait par une rare audace,
Et croyait en bon ordre arriver dans la place ;
Mais lord Montgomery, comprenant son dessein,
Se portait en avant pour barrer le chemin.
Prise des deux côtés, n'ayant plus de retraite,
La troupe fut bientôt en déroute complète.
Pour rentrer dans le fort se pressaient les Français !...
Flavy redouta-t-il, en leur donnant accès,
Que l'Anglo-Bourguignon, accourant sur leur trace,
Ne pût en ce moment pénétrer dans la place ?

Que Dieu le juge ! au lieu d'envoyer des renforts,
Il fit lever le pont... Jeanne resta dehors !
Mais du haut du beffroi, le guet, en sentinelle,
Signalait les périls menaçant la Pucelle,
Les ennemis nombreux massacrant nos soldats,
Jeanne pour les défendre affrontant le trépas !
Mais le tocsin sonnait, mais le peuple en alarmes,
Pour aller la sauver, voulait sortir en armes...
— « A l'aide ! cria Jeanne. A moi ! braves soldats ! »
Et la porte fermée, hélas ! ne s'ouvrit pas.
La reconnaissant mieux encore à son courage
Qu'à son blanc étendard, l'ennemi, plein de rage,
Sur elle a désormais concentré ses exploits...
Jeanne se fit entendre une dernière fois !
Ce fut en vain. Alors, vivement poursuivie,
Mais fière et résolue à vendre cher sa vie,
Elle se défendait avec acharnement,
Quand un archer picard par son long vêtement
La prit, et de cheval la fit rouler à terre.
Jeanne en se relevant se trouva prisonnière !
Le Bâtard de Wandonne [21], un des chefs bourguignons,
La désarma, devant nos muets bastions !

9 *

Au pied de la cité, qu'elle venait défendre,
Jeanne vous crie : « A l'aide ! » et vous la laissez prendre,
Vous, guerriers ! vous, Français !... Si, par un grand effort,
Un brave en la sauvant avait trouvé la mort,
Ce soldat, quel qu'il fût, aurait pour la patrie
Fait plus qu'aucun guerrier dans une longue vie,
Et la postérité, pour sa noble action,
Auprès du nom de Jeanne aurait placé son nom !

Fut-ce de La Trémouille une basse vengeance
Qui perdit la Pucelle, au mépris de la France ?
Fut-ce une trahison ? Guillaume de Flavy,
Qu'on accusa, l'a-t-il vendue à l'ennemi ?
On put le supposer : mécréant et profane,
Pouvait-il s'allier à la pieuse Jeanne ?
Devant tant de candeur, Flavy devait rougir,
Et, s'il redoutait Jeanne, il devait la haïr.
On dit qu'il était brave, et que sa triste histoire
N'a pas d'un tel forfait surchargé sa mémoire ;
Mais Jeanne à sa pitié se réclamait, hélas !
Il la trahissait donc en ne la sauvant pas.
La Pucelle pourtant avait sauvé la France !
Pauvre fille ! déjà ta passion commence !

Mais quand Dieu jusqu'à lui daigne nous élever,
C'est dans l'adversité qu'il veut nous éprouver.
Si devant les Anglais Jeanne fut magnanime,
Devant ses assassins Jeanne sera sublime !
Et sa mort, en couvrant d'opprobre l'ennemi,
Doit immortaliser l'ange de Domremy.

## VIII.

## LA CAPTIVITÉ.

Ce fut à Marigny, surpris, vaincu par elle,
Qu'en ce moment captive on mena la Pucelle.
Le bruit s'en répandit aussitôt dans les camps,
Et la joie éclata parmi les assiégeants.
Jeanne que l'on croyait invincible naguère,
Jeanne était donc enfin vaincue et prisonnière !
Et le duc de Bourgogne, et Jean de Luxembourg,
Et maints chefs, pour la voir vinrent le même jour.
A Rouen, à Paris, l'ivresse universelle
Montra combien l'Anglais redoutait la Pucelle ;
Ce charme, disait-il, œuvre d'impiété,
Était enfin rompu par sa captivité.
Pour Londres, ce joyau de la fière Angleterre,
L'Anglais n'eût pas donné cette simple bergère.
Hélas ! dans Notre-Dame, on a vu des Français
Chanter un *Te Deum* au succès des Anglais !

Croyons que l'étranger, au sein de la patrie,
N'obtint que par la force une telle infamie !
La nation française, en cette extrémité,
Vit dans Jeanne captive une calamité.
Surtout dans le pays avoisinant la Loire,
Où Jeanne d'Arc si haut avait porté sa gloire,
Le bon peuple priait en son intention,
Et suivait, les pieds nus, chaque procession ;
Disant que la Pucelle avait été vendue,
Et qu'avec elle, hélas ! la France était perdue.

Sans espoir de secours, en butte à l'ennemi,
Jeanne avait succombé sans demander merci.
Le Bâtard de Wandonne, étant le plus près d'elle,
Avait en ce moment désarmé la Pucelle,
Mené sa prisonnière au camp le même jour,
Et cédé sa conquête à Jean de Luxembourg.
Aux mains des Bourguignons, la Pucelle captive
Eut un doux traitement ; mais une tentative
Qu'elle fit pour sortir du château de Beaulieu,
De sa captivité devait changer le lieu.
Ce fut à Beaurevoir, dans une place forte,
Que Jeanne fut conduite alors, sous bonne escorte.

Dans cette ville, elle eut le château pour prison.

Elle se fit aimer des gens de la maison.

Du Comte à Beaurevoir habitait la famille,

Qui d'égards et de soins combla la pauvre fille.

Fut-ce par convenance, ou par pressentiment ?

— Car son habit devait, lors de son jugement,

La faire suspecter d'intention profane, —

Cette honnête famille avait invité Jeanne

A changer cet habit qui blessait la pudeur,

Pour celui que son sexe offrait à sa candeur.

Ce conseil était plein de bonté, de sagesse,

Mais Jeanne n'était pas d'elle-même maîtresse :

— « Je ne puis, disait-elle, obéir à ces lois,

» Sans le commandement de mes célestes voix. »

L'honneur, le droit des gens et les lois de la guerre

Auraient dû protéger Jeanne d'Arc prisonnière ;

Son âge, sa candeur, son sexe, sa beauté,

Son âme généreuse et son humanité,

Tout parlait à la fois pour ce cœur magnanime,

Qui de son dévoûment avait été victime.

Un prisonnier de guerre était mis à rançon :

— Ainsi s'était trouvé le jeune d'Alençon ;

Mais de le torturer, d'attenter à sa vie,
Cet acte aurait été taxé de félonie ;
L'indigne chevalier, en manquant à ces lois,
Au noble point d'honneur eût perdu tous ses droits.
Et Wandonne pourtant, contre ces lois de guerre,
Pour complaire à son chef livrait sa prisonnière !
Et Jean de Luxembourg en prit possession,
Ensuite les Anglais et l'Inquisition.

    Mais pour arriver là, l'Anglais, par artifice,
Devait intercéder auprès du Saint-Office,
Pour qu'à ce tribunal, avec solennité,
Jeanne fût convaincue enfin d'impiété.
Il ne pardonnait pas les nombreuses conquêtes
Qu'en maint combat sur lui la Pucelle avait faites ;
L'arrêt de son trépas, justement prononcé,
N'aurait pas suffi même à son orgueil blessé :
Il voulait la montrer pratiquant l'hérésie,
Usant de sortilége et de sorcellerie,
Adonnée aux esprits ténébreux et pervers,
Et livrée à jamais aux flammes des enfers.

    De l'Inquisition alors le grand vicaire
Réclama Jeanne, au nom de son saint ministère,

Les membres corrompus de l'Université
Lui donnèrent l'appui de leur autorité ;
Demandant qu'en leurs mains Jeanne d'Arc fût remise,
Pour crime d'hérésie envers la sainte Église.
Puis, au duc de Bourgogne, ainsi qu'à Luxembourg,
Chacun, des deux côtés, écrivit tour à tour,
Pour que ces deux seigneurs, répondant à leur zèle,
Remissent à leur foi l'idolâtre Pucelle.
Mais l'Inquisition et l'Université
Ne réussirent point dans leur complicité ;
Rien ne put décider Luxembourg ni le Prince
A livrer Jeanne d'Arc captive en leur province ;
Et ce drame sanglant échappait à l'auteur,
Quand sur la scène alors parut un autre acteur.
    Un homme revêtu d'un titre apostolique,
Un prêtre qu'a flétri le clergé catholique,
L'évêque de Beauvais, nommé Pierre Cauchon
(Mes vers avec dégoût ont prononcé ce nom),
Exerçait, dès ce temps, les droits de son église
Jusqu'au lieu du combat où Jeanne d'Arc fut prise.
Il devenait son juge en cette occasion,
D'après les règlements de l'Inquisition.

S'il reçut à Beauvais une mortelle offense,
Il allait contre Jeanne exercer sa vengeance ;
En servant les Anglais, prêtre sans foi, sans cœur,
Il pouvait obtenir et richesse et grandeur ;
Il convoitait déjà la barrette et la chape :
Bedford en sa faveur avait écrit au Pape.
Aussi s'engagea-t-il, sans hésitation,
A servir les Anglais et l'Inquisition.

Compiègne s'affligeait de la perte cruelle,
Qu'elle avait faite, hélas ! en perdant la Pucelle ;
Et le duc de Bourgogne, heureux d'un tel succès,
Espérait dans la place avoir bientôt accès.
Mais les soldats, le peuple, avaient repris courage,
Et pour le repousser se battaient avec rage.
Ces combats acharnés, reproduits chaque jour,
Maintenaient loin des murs le Duc et Luxembourg.

L'Evêque pénétra jusque dans leur bastille,
Venant, au nom de Dieu, réclamer une fille
Qui n'avait jamais eu que ce Dieu pour appui,
Et qui, dans son malheur, n'avait d'espoir qu'en lui.
Il leur peint cependant cette pieuse Jeanne,
Comme un esprit pervers que l'Église condamne ;

Qu'ils ne peuvent garder captive en leur prison,

Sans faire un grand outrage à l'honneur de leur nom ;

Que l'Université, par une longue lettre,

Et l'Inquisition les somment de remettre

Au plus tôt dans ses mains cet être criminel,

Pour en purger la terre et satisfaire au Ciel.

Il eut soin d'ajouter que le roi d'Angleterre,

Quoiqu'il mît Jeanne d'Arc hors des lois de la guerre,

Dans sa munificence, offrait, sur son trésor,

A Jean de Luxembourg dix mille francs en or.

Pour ce honteux marché ce prix n'était pas mince,

Il pouvait satisfaire à la rançon d'un prince ;

Et Jean de Luxembourg l'accepta sans délais :

Il promit de livrer la Pucelle aux Anglais !

A ce marché de sang, cette somme affectée,

Ne put à Luxembourg être aussitôt comptée ;

La détresse régnait à la cour du Régent :

Il lui fallut trois mois pour trouver cet argent.

Il l'obtint d'une taxe injuste, illégitime ;

L'argent français paya le sang de la victime !

Mais pendant ces trois mois de honte et de regret,

Philippe est resté neutre, et Charles qu'a-t-il fait?

A-t-il à Luxembourg, par de pressants messages,
Offert pour Jeanne d'Arc de plus grands avantages ?
A-t-il de nos guerriers excité les efforts,
En marchant à leur tête, en bravant mille morts,
Pour sauver du trépas une illustre victime,
Qui, près de l'étranger, n'avait eu d'autre crime
Que d'avoir bien servi son pays et son roi,
Et qui devait mourir esclave de sa foi ?
Non, Charles fut ingrat, sans pitié, sans courage ;
La générosité ne fut pas son partage ;
Pour sauver Jeanne d'Arc, il n'eût peut-être pas
Donné ce que l'Anglais offrait pour son trépas !

Si l'un de nos héros, ainsi que la Pucelle,
En chassant l'étranger était tombé comme elle ;
La France tout entière, avec la même ardeur,
Suivant son digne chef, gardien de son honneur,
Irait, pour le sauver, et sur mer et sur terre,
Dût-on vaincre l'Anglais jusque dans l'Angleterre !

On sut à Beaurevoir que, pour un peu d'argent,
Le Comte avait vendu Jeanne d'Arc au Régent.
D'un aussi grand malheur apprenant la nouvelle,
Les dames du château firent pour la Pucelle

Tout ce que pouvait faire une tendre amitié ;
Mais par un ordre exprès, le Comte, sans pitié,
Qui devait aux Anglais livrer sa prisonnière,
Et qui craignait alors que Jeanne la sorcière
Ne se pût évader, voulut que le donjon
De la tour du château lui servît de prison.
Connaissant des Anglais le mépris et la haine,
Avec calme pourtant Jeanne porta sa chaîne ;
Elle ne doutait plus des rigueurs de son sort,
Et pour se préparer à marcher à la mort,
Elle employait son temps au jeûne, à la prière,
Et demandait à Dieu sa grâce tout entière...
Quand elle entend un jour dire que les Anglais
Dans Compiègne bientôt auraient un libre accès ;
Que la noble cité, lasse de se défendre,
Devait en se rendant être réduite en cendre ;
Et que par l'ennemi, femme, vieillard, enfant,
Tout serait immolé dans des torrents de sang !
A ce récit affreux, Jeanne perdit la tête ;
Pour secourir Compiègne alors rien ne l'arrête :
Frémissant de se voir retenue en prison,
La fureur la transporte et du haut du donjon,

Sans que devant la mort un instant elle hésite,
Pour voler à Compiègne , elle se précipite.
Bien que sa chute soit plus prompte que l'éclair,
Elle maudit le temps qui la retient dans l'air !
Jusqu'au pied de la tour, elle tombe, elle roule ,
Et de son corps meurtri le sang s'échappe et coule...
Gisante sur le sol, elle devait périr,
Quand un gardien la vit et vint la secourir.

Jeanne, sans connaissance et tout ensanglantée ,
Avec les plus grands soins au château fut portée.
Son corps sans mouvement, sa mortelle pâleur ,
Ses traits qui n'exprimaient ni crainte ni douleur,
Tout faisait redouter, hélas ! que sa paupière
Ne se fût pour jamais fermée à la lumière !
Quand de sa vie éteinte , un prodige nouveau
Semble venir soudain rallumer le flambeau :
La pâleur de la mort s'efface , et son visage
Reprend son teint rosé, ses membres leur usage ;
Son cœur bat, et son sang circule librement ;
A son esprit troublé revient le sentiment ;
Tantôt, par un souris sa figure s'anime ,
Tantôt, c'est un regret, un chagrin qu'elle exprime ;

A la clarté du jour enfin s'ouvrent ses yeux :
Son âme est en prière et son regard aux cieux !
 De cette douce extase éprouvant l'influence,
Tous les gens du château, dans un profond silence,
Autour d'elle attendaient, religieusement,
La fin de ce pieux et tendre épanchement.
L'aspect d'un lieu nouveau d'abord frappe sa vue ;
Surprise, elle se voit sur un lit étendue,
Exposée aux regards de nombreux spectateurs,
Et, de honte, soudain elle verse des pleurs !
Les dames du château, qui se tenaient près d'elle,
Lui dirent que ces gens témoignaient de leur zèle ;
Si près d'elle ils avaient ainsi porté leurs pas,
C'était pour la sauver d'un horrible trépas.
Jeanne, au pied de la tour, de sa chute étourdie,
En tombant sur le sol s'était évanouie ;
Les soins qu'on lui donna, son transport au château,
Tout s'est fait, sans laisser de trace en son cerveau.
De cet événement elle voulut s'instruire,
Mais on lui fit promettre, en même temps, de dire
Ce qui s'était passé pendant ce long sommeil,
Quand on n'attendait plus que la mort pour réveil !

— « Le temps que j'ai passé, dit-elle, évanouie,

» Est un temps que je dois retrancher de ma vie.

» Lorsque du sentiment la première lueur

» Vint me rendre à la fois la vie et la douleur,

» Je souffris dans mon corps mille mortels supplices ;

» Mais je vis près de moi mes saintes protectrices,

» Qui venaient apporter un remède à mes maux,

» Et rendre à mon esprit le calme et le repos.

» Jeanne, m'ont-elles dit, hélas ! d'un ton sévère,

» Le Ciel a réprouvé ton acte téméraire ;

» Mais il n'a pas voulu, seul maître de ton sort,

» Que sans te repentir tu subisses la mort.

» Quand aux maux d'ici-bas ton âme est asservie,

» Songe, songe, ma fille, aux biens d'une autre vie ;

» Dieu qui t'aime toujours et te sauve aujourd'hui,

» Veut t'éprouver avant de t'appeler à lui.

» Sur le sort de Compiègne et celui de la France,

» Conserve dans ton cœur une bonne espérance :

» Compiègne, secourue avant la Saint-Martin,

» Doit jouir à jamais du plus heureux destin.

» Je les vis disparaître, et j'étais en prière,

» Lorsque j'ouvris enfin mes yeux à la lumière. »

Veillant à son chevet, les dames du château
Ramènent par degré le calme en son cerveau.
Les souffrances du corps enfin sont apaisées,
Et ses blessures sont déjà cicatrisées ;
Au grand contentement des gens de la maison,
Jeanne de tous ses maux obtient la guérison.
Mais l'Anglais qui l'attend éprouve une autre joie,
Joie horrible du tigre en saisissant sa proie ;
Il la réclame alors, et Jeanne, au désespoir,
Est livrée aux Anglais en quittant Beaurevoir.

Dans la ville d'Arras, Jeanne d'Arc fut conduite ;
Ses gardes au Crotoy la menèrent ensuite.
Elle y resta le temps nécessaire aux apprêts
Qu'ordonnait le Prélat pour suivre son procès.
Là, sa captivité ne fut pas rigoureuse,
Et Jeanne y devait faire une rencontre heureuse ;
Un prisonnier comme elle, un ministre de Dieu,
Un prêtre d'Amiens se trouvait en ce lieu.
Souvent, dans le donjon de cette forteresse,
Jeanne, dévotement, assistait à sa messe ;
A ses pieux conseils elle se confiait,
Et presque chaque jour Jeanne communiait.

Maintes fois pour la voir venaient de grandes dames !...

Qu'honneur vous soit rendu, nobles et saintes âmes,

Qui, sans crainte, affrontez de farouches geôliers,

Pour soulager les maux des pauvres prisonniers.

Rendons, rendons justice à ce sexe adorable,

Qui se montre à la fois si bon, si secourable !

Pendant que par sa grâce il nous attire à lui,

Il est des malheureux le plus solide appui ;

En vain à Jeanne d'Arc on prodiguait l'outrage,

Il croyait s'honorer en lui rendant hommage ;

Et s'il applaudit Jeanne au faîte des grandeurs,

Seul à sa mort, peut-être, il répandit des pleurs.

Ah ! qu'il me soit permis en ce moment de dire

Combien de nobles cœurs la bienfaisance inspire !

Il en est un surtout, que je n'ose nommer,

Qui, si tôt parmi nous, a su se faire aimer.

Que celle qui le porte ait le pouvoir suprême,

Que la pourpre, l'hermine, un brillant diadème,

Signalent sa splendeur au sein de ses palais,

Elle est plus grande encor par ses nombreux bienfaits !

— Il fut bien inspiré, celui qui, dans son âme,

Conçut la Charité sous les traits d'une femme !

## IX

## ROUEN. — L'INSTRUCTION.

Le grand Inquisiteur, l'évêque de Beauvais
Et l'Université, s'occupant du procès,
Demandaient qu'à Paris, pour signaler leur zèle,
L'Anglais fît aussitôt amener la Pucelle.
Mais Bedford réprima ce dangereux élan :
Paris l'inquiétait, il préféra Rouen.
Rouen était alors un centre militaire,
Où résidait la cour du prince d'Angleterre.
Ce fut dans cette ville et dans un château fort,
Que Jeanne fut livrée aux rigueurs de son sort.
Pauvre fille ! son sexe, et surtout son jeune âge,
De ses lâches bourreaux devaient fléchir la rage ;
Mais de la torturer, l'Anglais se montrant fier,
Lui donnait pour prison une cage de fer.
Pour satisfaire encore à tant d'injustes haines,
Dans cet affreux cachot on la chargea de chaînes.

Hélas ! pour ses tourments ce n'était pas assez :
Cinq archers, jour et nuit auprès d'elle placés,
Insultaient à plaisir, par leurs propos cyniques,
Sa naïve candeur et ses vertus pudiques.

En même temps, Stafford, Warwick et Luxembourg,
Se trouvaient à Rouen ; et, pendant le séjour
Qu'ils firent dans la ville, il leur prit fantaisie
D'aller voir Jeanne d'Arc ; feignant la courtoisie,
Luxembourg, en riant, lui dit qu'une rançon
Devait en peu de jours la tirer de prison.

— « Vous vous riez de moi, répondit la Pucelle,
» J'appartiens aux Anglais ! Par une mort cruelle,
» De vos nombreux revers vous voulez me punir ;
» Mais votre règne en France est bien près de finir.
» Quand vous seriez cent mille encor plus que vous n'êtes,
» Vous n'arrêteriez pas le Roi dans ses conquêtes.
» La France, glorieuse et libre désormais,
» Sera grande et prospère en dépit des Anglais. »
Stafford, la dague au poing, en taxant d'insolence
De semblables propos, avec rage s'élance
Sur Jeanne, qui sans crainte eût subi le trépas,
Si Warwick de Stafford n'eût arrêté le bras.

L'Anglais, dans ses prisons retenant la Pucelle,
Croyait avoir conquis toute la France en elle.
Ce pouvoir ténébreux, cause de ses revers,
Ne l'inquiétait plus : Jeanne était dans les fers.
Mais nos hardis guerriers, loin de ternir leur gloire,
Marchaient pendant ce temps de victoire en victoire.
L'esprit de Jeanne d'Arc, à défaut de son bras,
Semblait guider encor l'ardeur de nos soldats.
Le fameux Barbazan, surnommé Sans-Reproche,
Faisait fuir l'ennemi partout à son approche;
Le sire de Gaucourt, gouverneur d'Orléans,
Guidait en Dauphiné nos soldats triomphants;
Le comte de Vendôme, et Boussac et Xaintraille
Gagnaient près de Compiègne une grande bataille :
Dans ses retranchements l'ennemi culbuté,
Fuyant, abandonnait cette noble cité.
Par ce succès, Compiègne obtint sa délivrance,
Au temps que Jeanne d'Arc avait prédit d'avance.
   Bedford, à ce récit qui trompait son espoir,
Pensa que Jeanne encore exerçait son pouvoir.
Il crut que la victoire, à ses armes fidèle,
Ne reviendrait qu'après la mort de la Pucelle.

10*

Mais il voulait, avant de la faire périr,

Par d'infâmes moyens à jamais la flétrir ;

Il voulait que le nom de Jeanne, dans l'histoire,

De Charles triomphant vînt souiller la mémoire ;

Et que cette couronne, attachée à son front,

Fût pour lui désormais un éternel affront.

Et pour mieux assurer son indigne vengeance,

Ce fut par des Français et ce fut dans la France,

Qu'il parvint à former ce pouvoir infernal,

Qui devait s'ériger plus tard en tribunal.

Si dans son diocèse, une loi naturelle

Autorisait l'Évêque à juger la Pucelle,

A Rouen, il fallait qu'une décision

Lui donnât territoire et juridiction.

Le siége était vacant ; pour y placer cet homme,

Bedford sollicita jusqu'à la cour de Rome,

Et, du Chapitre aidé, l'évêque de Beauvais,

Avec un plein pouvoir, s'occupa du procès.

Il choisit à son gré la cour judiciaire,

Et l'installa selon la formule ordinaire.

Si les uns d'y siéger se faisaient un honneur,

Les autres n'acceptaient qu'en cédant à la peur ;

Mais qu'importe ? l'Anglais, dans cette procédure,
Resta maître absolu de la magistrature.
La Pucelle bientôt, par ordre épiscopal,
Devait se présenter devant ce tribunal.
De crimes odieux elle était accusée,
Et la Cour en était toute scandalisée !
Or, ces crimes, c'était d'avoir pris un habit
Que notre sainte Église à son sexe interdit ;
D'avoir en cet état commis maint homicide ;
D'avoir ourdi dans l'ombre une intrigue perfide ;
D'avoir trompé le peuple, en se faisant un jeu
De dire qu'elle était dans les secrets de Dieu ;
D'avoir, par sa croyance aux esprits fantastiques,
Péché contre l'Église et ses saintes pratiques :
Pour tous ces faits, le prince avait, par ordre exprès,
Autorisé l'Évêque à suivre le procès.

Les juges rassemblés, Jeanne, sans plus attendre,
Est, dès le même jour, invitée à se rendre
Devant la Cour suprême, installée au palais
Et que doit présider l'évêque de Beauvais.
Aux prisons de Bedford Jeanne était retenue ;
Mais la cour de justice à Rouen survenue,

Livrait la prisonnière aux ordres du clergé :
De sa garde lui seul devait être chargé.
Dès qu'elle s'était vue à l'Évêque soumise ,
Jeanne avait réclamé les prisons de l'Église ;
Elle exprime aujourd'hui le vœu qu'en nombre égal,
Les gens de son parti siégent au tribunal ,
Et que, hors du cachot et de la forteresse ,
On lui permette enfin d'assister à la messe.
Le droit justifiait chaque point demandé,
Et pourtant par l'Évêque aucun n'est accordé.
Cette prétention d'entrer dans une église,
Ne pouvait, disait-il, à Jeanne être permise ;
Paraître en habit d'homme en cet auguste lieu ,
Ce serait insulter la majesté de Dieu !

    Jeanne se présenta devant cette assemblée ,
Digne, avec convenance et sans être troublée.
On fit à haute voix la lecture des faits
Qui devaient motiver ce scandaleux procès.
Jeanne, que l'on traitait d'impie et de sorcière ,
La main sur l'Évangile et les genoux à terre ,
Devait jurer pourtant, avec sincérité,
De dire au tribunal toute la vérité.

On espérait ainsi rencontrer quelque chose
Qui pût, à son insu, compromettre sa cause ;
Jeanne d'Arc se rendit à cette injonction,
En faisant cependant une restriction.
Sur elle et sa famille, elle était prête à dire
Ce que l'instruction aurait à lui prescrire ;
— « Mais je ne dirai pas, cria-t-elle avec foi,
» Les révélations que j'ai faites au Roi.
» Elles viennent de Dieu ; nul mortel sur la terre
» Ne saurait pénétrer un aussi grand mystère ! »
L'évêque de Beauvais insista vainement ;
Jeanne, selon son gré, formula son serment.

On demanda son nom, son pays et son âge ;
Quels étaient ses parents ; le but de son voyage ;
Comment, étant enfant, sa mère l'élevait ;
Sur ses devoirs en Dieu quel principe elle avait.
— « Jacques d'Arc, messeigneurs, est le nom de mon père ;
» Isabelle Romée est celui de ma mère.
» Ce fut à Domremy que je reçus le jour.
» Ma mère me combla de tendresse et d'amour.
» Combien il me coûta de me séparer d'elle !
» On me donne le nom de Jeanne la Pucelle.

» Pour la France et le Roi j'abandonnai les champs.

» Et je n'ai pas encore atteint mes dix-neuf ans.

» Je dois vous dire aussi que, pour toute science,

» Je reçus de ma mère une sainte croyance ;

» Qu'en mon berceau sa bouche avec moi bégaya

» Le *Credo*, le *Pater* et l'*Ave Maria*. »

— « Pourriez-vous devant nous réciter ces prières ?

» A votre esprit toujours elles sont familières ? »

— « Je le puis, Monseigneur, mais à condition

» Que vous les entendiez seul, en confession.

» Soyez, soyez mon juge au tribunal suprême ;

» Le prêtre saura tout ainsi que Dieu lui-même ! »

Le Prélat échouait, car l'oubli d'un seul mot

Eût suffi pour qu'il prît Jeanne d'Arc en défaut.

L'Évêque borna là cet interrogatoire,

Et pour le lendemain convoqua l'auditoire.

 Avec le même esprit, le Prélat, chaque jour,

Venait interpeller Jeanne devant la Cour.

Quoiqu'à la tourmenter il s'occupât sans cesse,

Jeanne lui répondait avec calme et sagesse ;

A maints piéges adroits il avait eu recours,

Jeanne à les déjouer réussissait toujours.

Elle devait périr ; mais pour que son supplice
Eût l'apparence au moins d'un acte de justice,
Il fallait, pour servir de semblables projets ,
La montrer au public coupable en quelques faits.
N'y pouvant parvenir par la ruse et l'adresse ,
L'Évêque descendit jusques à la bassesse !
Nicolas Loiseleur [25], son digne confident,
Lui servit de complice et fut son instrument :
Dès qu'une trame entre eux fut sourdement ourdie,
Que le Prélat se crut sûr de sa perfidie,
Loiseleur, accusé de haute trahison,
Fut conduit aussitôt près de Jeanne en prison.
La voyant tous les jours, par la pitié, l'infâme
Cherchait à pénétrer dans le fond de son âme.
Prêtre de son parti, disait-il, malheureux,
Il espérait près d'elle un sort moins rigoureux.
Comment n'aurait-il pas acquis sa confiance ?
Jeanne, avec son bon cœur et sans expérience,
Se croyant avec lui seule dans sa prison,
Ignorait que, derrière une mince cloison ,
Des gens avaient été rassemblés, pour écrire
Tout ce que Loiseleur pourrait lui faire dire.

Warwick ne rougit pas d'être, parmi ces gens,
L'un des instigateurs d'un pareil guet-apens !
Mais dès le premier jour, un intègre notaire,
Indigné, refusa son noble ministère,
Disant qu'il écrirait devant le tribunal,
Mais ne souscrirait point à cet acte immoral.
On fut privé, par là, de pièces authentiques
Qui n'auraient pas permis à Jeanne de répliques.
On acquit cependant des révélations,
Sur elle, sur ses voix et sur ses visions;
Et, par ce piége affreux, l'invisible auditoire
Put fournir des griefs à l'interrogatoire.

Devant le tribunal, Jeanne, sans avocats,
Souvent deux fois le jour, soutenait ces débats.
Espérant de la vaincre enfin par la fatigue,
D'interpellations la cour était prodigue :
Par des piéges sans nombre on venait l'assaillir;
Mais Jeanne, jusqu'au bout, ne devait pas faillir.
Si de l'Esprit divin on la crut inspirée,
Quand devant les Anglais elle s'était montrée,
Nîra-t-on que le Ciel, qui dirigea son bras,
N'inspirât sa parole encor dans ces débats ?

Entre cent questions, faites pour la confondre,

Jeanne ne savait pas souvent à qui répondre.

Quand à la tourmenter chacun se complaisait,

Avec un doux souris parfois elle disait :

« Eh quoi ! mes beaux seigneurs, quelle crainte est la vôtre ?

» Je puis répondre à tous, parlez l'un après l'autre. »

Mais de tous les moyens la Cour devait user,

Dans l'espoir d'obtenir des faits pour l'accuser.

On l'accablait ainsi de questions subtiles,

Pouvant embarrasser les gens les plus habiles :

— « Jeanne, croyez-vous être en la grâce de Dieu ? »

— « C'est grande chose, hélas ! de faire un tel aveu. »

— « Oui, répond un docteur, c'est une grande chose,

» Que l'accusée a droit d'écarter de sa cause. »

— « Taisez-vous, dit l'Évêque au théologien

Qui de Jeanne semblait se faire le soutien ;

» Taisez-vous, cria-t-il, seul ici je suis maître !...

» Dans la grâce de Dieu, Jeanne, croyez-vous être ? »

— « Ah ! que Dieu, si j'y suis, veuille m'y maintenir,

» Et, si je n'y suis pas, m'y fasse parvenir ! »

La perfide demande avait été choisie,

Dans l'espoir d'accuser Jeanne d'Arc d'hérésie :

Car nul n'est ici-bas certain de son salut ;

Mais le Prélat encore avait manqué son but.

Espérant rencontrer quelques faits d'homicide,

On vanta ses exploits, son courage intrépide,

Qui cherchait les périls en bravant le trépas :

— « Si j'affrontais la mort, je ne la donnais pas. »

— « Eh ! que faisiez-vous donc sur les champs de bataille !

» Quand le canon grondant vomissait la mitraille ? »

— « Courons sus aux Anglais, disais-je à mes soldats ;

» Je marchais la première et tous suivaient mes pas. »

— « Vous espériez alors le succès de la France ? »

— « Je conserve toujours cette noble espérance !

» Si vous laissiez un gage en quittant Orléans,

» Vous devez en laisser un autre, avant sept ans.

» Croyez à ma parole et quittez cette terre,

» Anglais, ou renoncez à revoir l'Angleterre ! »

Le tribunal, ému de sa prédiction,

Suspendit un moment l'interrogation.

— « Vous portiez une épée et vous en étiez fière ? »

— « Oui, j'y tenais beaucoup, ainsi qu'à ma bannière ! »

— « Et que préfériez-vous, demanda-t-on, des deux? »

Jeanne avec véhémence : « Ah ! combien j'aimais mieux

» Et quarante fois plus encore ma bannière ! »

— « L'arme devait avoir quelque vertu guerrière ;

» Comment trouvâtes-vous cette épée à Fierbois ? »

— « Par l'indication de mes célestes voix. »

— « Avez-vous prononcé des paroles mystiques,

» Espérant lui donner quelques pouvoirs magiques? »

— « Nou, mais ma protectrice, en m'en faisant honneur,

» Devait bénir cette arme et me porter bonheur ! »

— « On dit que vous avez opéré des miracles ;

» Car on croyait à vous comme on croit aux oracles :

» La mère, en vous priant de nommer son enfant,

» Espérait que du mal il serait triomphant..

» Vos anneaux guérissaient le corps de maladie,

» Et jusqu'aux trépassés vous redonniez la vie ! »

— « Oui, je laissais toucher ces anneaux à mes doigts,

» Les femmes m'en priaient, je cédai mainte fois.

» Les mères estimaient comme un bonheur suprême,

» Que je tinsse un enfant sur les fonts de baptême.

» A Lagny, certain jour, un enfant nouveau-né

» De tout secours humain était abandonné ;

» Les filles de l'endroit avaient à Notre-Dame

» Transporté cet enfant et priaient pour son âme.

» Par elles invitée à me rendre au saint lieu,

» Pour adresser aussi mes prières à Dieu ,

» Ensemble nous priions à l'autel de Marie,

» Quand soudain cet enfant donna signe de vie !...

» On put le baptiser ! Après, il expira !

» Si ce fut un miracle, ah ! Dieu seul l'opéra. »

On interrogea Jeanne aussi sur son village,

Et sur les visions qu'elle eut dans son jeune âge.

A la prendre en défaut on croyait réussir,

Mais il était un point qu'on voulait éclaircir :

On cita Bois-Chenu; son Mai, « l'Arbre-des-Dames »,

Où la nuit, disait-on, venaient errer des âmes ;

Sa source aux flots si purs, « la Fontaine-aux-Rameaux »

Possédant la vertu de guérir tous les maux ;

On cita Jeanne allant sous le mystique ombrage,

Offrir à l'arbre vert ses vœux et son hommage ;

Des voix, des visions, exaltant ses esprits ;

Mais on cita surtout ces fabuleux récits,

Ces guirlandes, ces jeux, ces naïves pratiques

Qui semblaient honorer des esprits fantastiques.

Si Jeanne avait eu foi dans ces récits menteurs,

Ils devenaient contre elle alors accusateurs ;

Car ils la convainquaient de charme et de magie !

Dans sa foi seule en Dieu  Jeanne se réfugie,

Et dit : « Si mainte fois , pour charmer mes loisirs,

» J'ai pu dans Bois-Chenu trouver quelques plaisirs ;

» Si, près de Domremy, dans ces riches campagnes ,

» J'allai sous le Beau-Mai voir danser mes compagnes ;

» Si je mêlai ma voix à leurs joyeux accents ,

» Ces plaisirs étaient purs et ces jeux innocents.

» Ah ! que ne devaient-ils durer toute ma vie !...

» Juges, je crois en Dieu , mais non à la magie ,

» Et laisse à qui les a ces superstitions. »

     — « Mais n'avez-vous pas eu des révélations ,

» Ayant sur votre vie une grande importance ?

» Vous n'en devez cacher aucune circonstance. »

     — « Combien je fus heureuse, hélas ! en mon pays ;

» Je cousais, je filais, je gardais mes brebis ;

» Je comprenais à peine, en cette paix profonde,

» Que hors de mon village il existât un monde ;

» N'ayant d'autre souci , d'autre soin en ce lieu,

» Que d'aimer ma famille et de complaire à Dieu.

» Combien ce souvenir pour mon cœur a de charmes !

» Ah ! je n'y puis songer sans répandre des larmes !

» Séjour de mon enfance , entends mon dernier vœu :
» Que le Ciel te protége !... ô mon pays !... adieu.
  » Bientôt mainte rumeur, pleine d'inquiétudes,
» Troubla de Domremy les douces habitudes.
» Livrée à l'anarchie, en proie à l'étranger,
» La France, disait-on, était en grand danger ;
» D'avides oppresseurs, venus de l'Angleterre,
» Ajoutaient à nos maux tous les maux de la guerre.
» De nos troubles sachant profiter avec art,
» Ils avaient à Paris planté leur étendard ;
» Et, banni de son trône, hélas ! le jeune prince
» Errait, abandonné, de province en province,
» N'ayant d'autres soutiens, parmi ses partisans,
» Que quelques preux cernés dans les murs d'Orléans.
» J'étais bien jeune encor, mais tant de barbarie
» M'indigna !... Je gémis du sort de la patrie
» Succombant sous le joug d'un farouche vainqueur...
» Pour la France et le Roi je priai le Seigneur.
  » Un jour, offrant à Dieu mes ferventes prières,
» Mon œil fut ébloui par de vives lumières !
» J'eus peur... A mon oreille en même temps vibra
» Une voix douce et bonne, et qui me rassura.

» Partout où je priais, cette clarté si pure,

» De la voix m'annonçait le céleste murmure ! »

— « Mais, dans vos entretiens, que disait cette voix ? »

— « Rien qui ne fut honnête et pieux à la fois ;

» Que Dieu prenait pitié du pays en souffrance,

» Et qu'il devait par moi bientôt sauver la France ! »

— « Mais n'avez-vous pas vu, dans les clartés du ciel,

» Des anges entourant l'archange saint Michel,

» Qui vint, dans sa splendeur et ceint d'une auréole,

» Vous transmettre de Dieu la suprême parole ?

» Avez-vous vu l'archange ? avec sincérité

» Vous devez dire ici toute la vérité. »

    — « Oui, je l'ai vu ; sa voix a frappé mon oreille,

» Je me retrace encor cette grande merveille ! »

— « Ces anges, ici-bas, pour vous seule venus,

» En vous entretenant se sont-ils montrés nus ? »

— « Croyez-vous que le Roi du ciel et de la terre

» Ne pouvait les vêtir de sa blanche lumière ? »

Cette demande avait révolté sa pudeur,

Mais elle en renferma l'amertume en son cœur.

    Pour trouver en défaut ses saintes protectrices,

On avait recherché jusqu'aux moindres indices ;

On y revint pourtant : on parla de Paris,

Qui, malgré tant d'efforts, n'avait pas été pris ;

On rappela bien haut La Charité-sur-Loire,

Où Jeanne eut un échec au lieu d'une victoire ;

Le siége de Compiègne, où l'espoir d'un succès

L'entraînait au combat en tête des Français ;

Où malgré son audace et sa vertu guerrière,

Un revers éclatant terminait sa carrière.

Pourtant elle marchait confiante en ses voix,

Qui, dans ces trois échecs, la trompèrent trois fois.

— « Oui, de La Charité l'assaut fut inutile ;

» Ce fut contre mon gré qu'on attaqua la ville.

» A l'assaut de Paris, où j'allai malgré moi,

» Si le Roi fût venu, Paris était au Roi ! »

— « Mais à Compiègne, au moins, la voix qui vous inspire

» D'un aussi grand malheur aurait dû vous instruire ? »

— « Elle m'avait prédit le pire des destins :

» Qu'un jour je tomberais vivante entre vos mains !

» Ces voix que je chéris ne m'ont donc pas trompée.

» Hélas ! de mille traits que n'ai-je été frappée,

» Sous les murs de Compiègne ! En subissant la mort,

» Si Dieu l'avait permis, j'aurais béni mon sort. »

L'Évêque était à bout de ruse et de chicane,
Et n'avait rien trouvé qui pût accuser Jeanne,
Savante à déjouer les perfides moyens
Qu'on tentait pour la perdre en ces longs entretiens.
Il crut mieux réussir en procédant dans l'ombre,
Avec des gens choisis, réduits en petit nombre,
Qu'en ces pompeux débats, devant un tribunal
Qui, pour Jeanne, parfois, osait être loyal.
Alors dans la prison, au nom du Saint-Office,
Par lui fut installée une cour de justice,
Qui devait, sans témoins, rédiger des extraits,
Pouvant accuser Jeanne et servir au procès ;
Et bientôt le Prélat, rempli de confiance,
Ouvrit, tout étant prêt, sa première audience.

Souvent l'instruction revenait sur un point,
Que Jeanne chaque fois ne satisfaisait point.
Quel était donc ce signe, ou divin ou profane,
Signe mystérieux, qui fit agréer Jeanne
Par le jeune Dauphin, sans espoir à Chinon,
Et qui valut à Jeanne un aussi grand renom ?
Puisqu'elle le cachait, sans doute il devait être
D'une grande importance ! On voulait le connaître.

11*

L'Évêque avec adresse en parlait tous les jours,

Mais Jeanne à ses desseins se dérobait toujours.

Il y revint encor, la pressant davantage,

Et Jeanne répondit : « Prélat, ce n'est pas sage ;

» Ah ! vous me pressez trop. C'est le secret du Roi !

» Je dis la vérité quand il s'agit de moi ;

» Mais en me tourmentant... ô mon Dieu ! quand j'y songe,

» Vous pouvez me pousser à commettre un mensonge!

» Ce sacrilége alors retomberait sur vous. »

— « Dites la vérité, » reprit-il en courroux.

Jeanne, sans s'émouvoir de cette brusquerie,

Crut pouvoir s'échapper par une allégorie :

     — « Le jour où l'on m'admit à saluer le Roi,

» Qui, jusque-là, n'avait que peu d'espoir en moi,

» Je me vis tout-à-coup dans une salle immense,

» Resplendissante d'or et de magnificence,

» Devant des chevaliers, des princes, des seigneurs,

» Du trône de nos rois généreux défenseurs.

» A l'aspect imposant d'une telle assemblée,

» Mon œil fut ébloui, mon âme fut troublée ;

» Hélas ! je me sentais défaillir, et je crois

» Que j'aurais succombé sans l'appui de mes voix.

» Mais bientôt je repris ma force et mon courage ;

» J'allai droit au Dauphin présenter mon hommage,

» Disant que, de bien loin et de la part de Dieu,

» Pour la France et pour lui je venais en ce lieu.

» M'attirant à l'écart, pour m'éprouver peut-être,

» Et chercher à quel signe il pût me reconnaître...

» Il vit, avec surprise, apparaître soudain

» Un ange, qui bientôt convainquit le Dauphin,

» En mettant à ses pieds la plus riche couronne

» Que jamais potentat ait porté sur un trône !

» A l'assemblée alors le Dauphin, avec foi,

» Dit que la France et lui n'avaient espoir qu'en moi.»

La couronne attestait la suprême puissance ;

Et l'ange c'était Jeanne, oui, l'ange de la France !

Mais le prélat, après ce merveilleux récit,

Ne voulait pas laisser à Jeanne de répit :

Impatient de lire en ce mystère étrange,

Il ne tarissait pas de questions sur l'ange,

La couronne, le Roi... Mais à son grand regret,

Il ne put pénétrer cet important secret.

De faits accusateurs bien faible était la somme,

Car il ne restait plus que le vêtement d'homme.

Qui seul constituait, au dire du Prélat,

Contre nos saints canons un indigne attentat.

L'Église réprimant cette action profane,

Devait comme hérétique alors condamner Jeanne ;

Et Jeanne le gardait pourtant avec raison,

Car seule, sans secours, livrée, en sa prison,

A de lâches gardiens qui l'insultaient sans cesse,

Cet habit dut souvent protéger sa faiblesse.

    — « Jeanne, de l'habit d'homme où fîtes-vous le choix ?

— « Ce fut à Vaucouleurs, par l'ordre de mes voix. »

— « En le prenant alors vous partiez pour la guerre,

» Nous concevons qu'il pût vous être nécessaire ;

» Mais pourquoi donc depuis ne l'avoir pas changé ? »

— « Je n'en ai pas encore obtenu le congé. »

— « Vous devez cependant, en chrétienne soumise,

» Obéir aux devoirs que vous prescrit l'Église. »

— « Je ne ne crois pas faillir aux devoirs du chrétien,

» Si j'obéis à Dieu, qui ne veut que le bien ! »

— « Quand l'Église a choisi ce tribunal pour juge,

» C'est en vain qu'en vos voix vous cherchez un refuge ;

» Vous êtes par l'Église accusée en ce lieu. »

— « Et pourtant j'ai reçu ma mission de Dieu ! »

— « Vous devez à ses lois soumettre votre cause. »

— « Mais l'Église, mais Dieu, pour moi c'est même chose,

» Et je ne craindrais pas qu'il pût m'arriver mal,

» Si gens de mon parti siégeaient au tribunal. »

Les juges voyaient bien que, dans cette audience,

Jeanne leur refusait toute sa confiance.

Jeanne avait dans l'Église une fervente foi;

Son bon sens lui disait qu'on en faussait la loi:

D'aimer, d'adorer Dieu, l'Église nous convie,

Mais ne commande pas de trahir la patrie.

Ces longs débats sur Jeanne allaient se terminer,

Sans avoir rien fourni qui pût la condamner,

Sinon le vêtement que, dans sa conscience,

Elle devait garder, par pure obéissance.

Mais il restait un point épineux, délicat,

Que n'avait pas encore abordé le Prélat.

Il cita tour à tour l'Église militante,

Dont le Pape est le chef; l'Église triomphante,

Séjour des bienheureux, des anges et des saints,

Où règne avec splendeur l'Arbitre des humains.

— « Voulez-vous vous soumettre à notre sainte Église,

» Qui commande ici-bas, que le Ciel autorise ?

» Cette Église est le Pape ou vicaire de Dieu,

» Les prélats, le clergé, qui tous ont fait le vœu

» D'aimer et de servir cette commune mère,

» Et que le Saint-Esprit gouverne sur la terre. »

Si Jeanne consentait, sa sainte mission

Était abandonnée à leur discrétion;

Si Jeanne refusait, c'était un sacrilége

Commis envers l'Église. Elle entrevit le piége,

Et sachant distinguer, des dogmes de la foi,

La mission dont Dieu lui prescrivait la loi,

Jeanne d'Arc répondit : « J'honore et je révère

» Ce que la sainte Église ordonne sur la terre.

» Je l'aime, et je chéris les devoirs du chrétien,

» Qui font trouver en elle un refuge, un soutien;

» Mais l'Église d'en haut, où rayonnent les anges,

» A droit à notre amour ainsi qu'à nos louanges;

» Quand celle de la terre en doit suivre la loi,

» A l'Église des cieux je puis donner ma foi. »

— « De vous soumettre au Pape éprouvez-vous la crainte? »

— « Menez-moi devant lui; je parlerai sans feinte. »

Dans le chef de l'Église espérant un soutien,

Jeanne d'Arc déjouait un perfide moyen :

Devant Sa Sainteté, qu'en tous lieux on renomme,

Jeanne eût gagné sa cause en la plaidant à Rome.

Mais cet auguste nom qu'on avait proposé,

C'était avec l'espoir qu'il serait récusé.

— « Jeanne, dit un docteur, il est peut-être utile

» Que vous sachiez qu'à Bâle il existe un concile,

» Où sont beaucoup de gens de votre nation :

» C'est de la chrétienté la congrégation.

» A ses arrêts toujours la justice s'impose ;

» Que ne soumettez-vous à Bâle votre cause ? »

— « Puisqu'on y voit siéger des gens de mon parti,

» J'accepte mon arrêt de leur bouche sorti. »

— « Taisez-vous, dit l'Évêque ; eh ! de par tous les diables,

» De quoi vous mêlez-vous, bavards impitoyables?

» Greffiers, dans les débats n'inscrivez pas ceci. »

— « Ah ! dit la pauvre fille, ah ! vous jugez ainsi !

» Quand vous trouvez du mal, vous le faites écrire ;

» Mais le bien, pourquoi donc alors ne pas le dire?...

» Vous êtes tout puissant et mon juge en ce lieu,

» Monseigneur ; prenez garde au jugement de Dieu !...»

Le Prélat a frémi.... Cette docte assemblée,

A ce ton solennel, est de crainte troublée !

Le jugement de Dieu que Jeanne avait cité,
Lui révélait l'arrêt de la postérité !
Ne pouvant plus garder son masque d'hypocrite,
L'Évêque à sa fureur ne met plus de limite :
Espérant se venger dans l'accusation,
Il lève la séance et clôt l'instruction.

## X.

# ROUEN. — LE JUGEMENT.

Avec la même ardeur et le même courage,
Le Prélat au procès poursuivit son ouvrage.
Pour atteindre son but, il avait, jusqu'ici,
Fait ce qu'il pouvait faire. Avait-il réussi ?
Devait-il espérer, en sa pensée intime,
Que l'habit d'homme seul constituât un crime ?
Si Jeanne le gardait dans sa captivité,
C'est qu'il était pour elle une nécessité ;
C'est que, sans nul égard pour son sexe, son âge,
On livrait sa candeur à l'insulte, à l'outrage ;
Si des femmes avaient gardé Jeanne en prison,
De l'accuser peut-être on aurait eu raison ;
Pourtant, sainte Marine [26] avait un habit d'homme,
Elle n'en fut pas moins canonisée à Rome.
Jeanne eut des visions qui lui venaient du ciel ;
Mais d'autres en ont eu : depuis Ezéchiel,

Et jusques à nos jours, dans l'église chrétienne,
L'histoire de nos saints de visions est pleine.
On voulait bien y croire, à la condition
Que Jeanne eût déclaré les tenir du démon ;
Et le Prélat alors conservait l'espérance
De flétrir Jeanne d'Arc et d'avilir la France.

Sans tarder plus longtemps, l'Évêque rassembla,
Dans un extrait concis, tout ce qui lui sembla
Devoir au jugement convaincre la Pucelle
De l'accusation que l'on portait contre elle[27].
Et cependant, malgré tout l'esprit et le soin
Que son zèle avait mis, il sentait le besoin
De se faire appuyer par de hauts personnages,
Qui pussent à son œuvre accorder leurs suffrages,
Mais avant, pour la forme, il choisit des docteurs
Chargés de constater les faits accusateurs.
La rédaction fut reconnue inexacte,
Mais en vain les docteurs corrigèrent cet acte,
Ne pouvant se résoudre à l'admettre en entier;
Le Prélat l'envoya sans le modifier.
Jeanne, de cet écrit n'ayant pas connaissance,
Paraissait y souscrire au moins par son silence ;

Cependant le mensongé et la perversité,

Pour la montrer coupable, hélas! l'avaient dicté!

Dans ses simples aveux, sa parole candide

Était dénaturée avec un art perfide :

Ses révélations, n'étaient que faux récits;

Ses voix ne lui venaient que des malins esprits;

Sa mission n'était qu'un tissu de mensonges,

Toutes ses visions, le produit de vains songes !

Elle se vantait d'être en la grâce de Dieu,

Et de l'Église enfin se souciant fort peu,

Elle avait refusé de se soumettre à Rome,

Et persistait encore à porter l'habit d'homme.

   L'Évêque s'assura de l'approbation

Des docteurs qu'il avait à sa discrétion ;

Mais d'autres n'eurent pas la même complaisance.

Maints prélats s'en faisaient un cas de conscience :

Jeanne avait à Poitiers subi des examens,

Et, d'après le rapport des théologiens

Et du clergé jugeant la simple paysanne,

Tous avaient approuvé la mission de Jeanne ;

Et Jeanne avait tenu ce qu'elle avait promis.

Pourquoi donc à Rouen, devant nos ennemis,

Changer d'opinion? En ce moment suprême,
N'était-ce pas alors désapprouver Dieu même,
Dieu qui s'était montré favorable aux Français!
Sa grâce serait donc reniée au procès?
Et la France chrétienne, aux vertus héroïques,
Ne devrait son salut qu'aux esprits fantastiques!...
Ils voulaient une enquête, et qu'à Sa Sainteté
Le résultat à Rome aussitôt fût porté.
Mais l'Anglais à Rouen était souverain maître,
Et le Pape au procès ne devait point paraître.

    Pendant ce temps, l'Évêque et ses lâches suppôts
Ne laissaient pas à Jeanne un seul jour de repos.
Ils n'étaient pas encore à bout de tyrannie :
Car ainsi que le bien le mal a son génie,
Et le Prélat en lui le personnifiait.
Jeanne dans ses tourments à Dieu se confiait.
La victime faillit échapper à leur rage :
Elle se soutenait encor par son courage,
Quand un mal la saisit, et si subitement,
Qu'on redouta l'effet d'un empoisonnement.
Ses gardiens l'entouraient et ne savaient que faire ;
On en prévint soudain le conseil d'Angleterre.

Warwich, chef des prisons, s'empressa d'accourir,
Et crut, en la voyant, que Jeanne allait mourir.
Aux médecins mandés pour soigner la Pucelle,
Il disait : « Sauvez-la d'une mort naturelle ;
» Car elle ne doit pas, à moins de trahison,
» Par un trépas si doux expirer en prison.
» Qu'elle soit par vos soins avec hâte traitée ;
» Pour la perdre, le Roi l'a trop cher achetée !
» Il entend qu'au procès la justice ait son cours,
» Et qu'un bûcher ardent mette fin à ses jours. »
    Soit l'effet d'un repos utile à sa faiblesse,
Soit son tempérament, sa virile jeunesse,
L'art de la médecine ou l'arrêt du destin,
De cette maladie elle guérit enfin.
La procédure alors se trouvait terminée,
Et Jeanne avait été d'avance condamnée !
Succombant sous le poids de tant d'émotions,
Il lui fallut subir maintes monitions
Que pour les accusés recommande l'Église.
Jeanne, de sa faiblesse à peine encor remise,
Ne dit que peu de chose à ses juges d'abord :
Elle était tourmentée et pensait à la mort.

De son futur arrêt elle exprima la crainte,

En priant que l'on mît son corps en terre sainte ;

Mais plus tard retrouvant sa force et sa fierté,

Elle avait sur son sort mûrement médité,

Et ses réflexions avaient fixé son âme.

On ourdissait contre elle une nouvelle trame,

Que dirigeait encor le traître Loiseleur,

Qui de Jeanne pourtant était le confesseur !

Il devait l'amener, par crainte ou par surprise,

A se soumettre enfin aux juges de l'Église,

Qui, la persuadant par de feintes douceurs,

Lui feraient en public abjurer ses erreurs.

Et Jeanne se disait, dans une angoisse extrême :

« Quoi ! pour sauver mes jours je renirais Dieu même ?

» Après avoir du Ciel rempli l'ordre divin,

» Je pourrais le soumettre au jugement humain ?

» Et quand de mon pays je comble l'espérance,

» J'irais me repentir d'avoir sauvé la France ?

» Mon doux Dieu, disait-elle, ô mon divin Seigneur,

» Inspirez mon esprit et soutenez mon cœur ;

» Et que, dans ce moment, votre bonté me dise

» Ce que je dois répondre à ces hommes d'église.

» Si je me suis trompée en cherchant votre loi,
» Ah ! protégez la France et ne frappez que moi. »
Aussi le lendemain, dans une autre audience,
Sa résolution était prise d'avance ;
Et confiante en Dieu, Jeanne ne fit appel
Qu'à l'Arbitre divin de la terre et du ciel.
— « Mais n'avez-vous donc pas de juges sur la terre,
» Lui demanda l'Évêque, et Notre Très-Saint Père
» Ne saurait-il régler les devoirs du chrétien ? »
— « Dieu seul est mon espoir, mon guide, mon soutien. »
— « En vous faisant juger par le concile même,
» Vous soumettriez-vous à son arrêt suprême ? »
— « Je me soumets à Dieu dont j'ai suivi la loi ;
» Ni Pape, ni prélat n'ébranlera ma foi. »
— « Mais vous serez brûlée alors comme hérétique. »
— « Quand je verrais le feu sur la place publique,
» Et que pour m'y jeter les bourreaux seraient prêts,
» Je soutiendrais encore et mes dits et mes faits...
» Mais vous ne ferez pas cette action infâme :
» Il vous en prendrait mal au corps ainsi qu'à l'âme. »
    Jeanne, toujours fidèle aux devoirs du chrétien,
Dans l'Eglise jamais n'avait vu que le bien.

Pourquoi donc semblait-elle être d'avis contraire ?

C'est qu'elle avait été vendue à l'Angleterre ;

Que l'Anglais à Rouen dirigeait, au procès,

Des juges corrompus, ennemis des Français,

Et qui n'avaient pas craint, dans leur lâche entreprise,

D'invoquer méchamment le saint nom de l'Église,

Avec l'espoir que Jeanne, en sa soumission,

Les laisserait enfin juger sa mission.

Par de feintes bontés n'ayant pu la séduire,

Il leur restait la force encor pour la réduire.

Il existait alors un moyen criminel,

Instrument de l'enfer et que brisa le Ciel :

La torture !... Ils devaient employer la torture,

Hélas ! pour ramener à Dieu sa créature !

Une des grosses tours du château de Rouen

Recélait tout entier l'arsenal de Satan.

A la pâle lueur de torches sépulcrales,

Les bourreaux exerçaient leurs ruses infernales,

S'efforçant d'imiter, par la flamme et le fer,

Tous les raffinements des tourments de l'enfer.

Ainsi Jeanne devait être questionnée,

Et dans cet antre affreux elle fut amenée.

Pour leur œuvre ils comptaient sur l'effet des terreurs
Qu'inspirent la torture et toutes ses horreurs.
Les bourreaux préparant des pinces, des tenailles,
Aux feux de leurs fourneaux rougissant des ferrailles,
Agitant les ressorts d'odieux instruments,
Semblaient la menacer des plus affreux tourments.
Les juges, les docteurs, entourant la Pucelle,
Lui reprochaient les maux qu'elle attirait sur elle ;
En tête était l'Évêque, ainsi que Loiseleur,
Qui simulait pour elle une vive douleur.
— « Jeanne, dit le Prélat, il n'est plus temps de feindre.
» Aux dernières rigueurs pourriez-vous nous contraindre ?
» L'Église, par ma voix, vous rappelle en son sein ;
» De vous en séparer gardez-vous le dessein ?
» Il nous répugnerait, près d'une faible femme,
» D'employer la torture au salut de son âme. »
— « Quand vous me distrairiez tous les membres du corps,
» Je ne céderais pas à vos lâches efforts ;
» Ou si, dans les tourments qu'apprête votre rage,
» Manquant, par la douleur, de force ou de courage,
» Je cédais à vos vœux !... je redirais après,
» Toute la vérité que j'ai dite au procès. »

12

On ne crut pas devoir pousser plus loin le crime ;
Mais si de la torture on sauva la victime,
Ce n'est pas qu'on craignît qu'elle eût trop à souffrir ;
C'est que dans les tourments elle pouvait périr ;
Et d'un pareil trépas on garda la Pucelle :
L'Anglais lui réservait une mort plus cruelle.

Mais après cette épreuve, on recueillit l'avis
De l'Université qui siégeait à Paris,
Des docteurs de Rouen, ainsi que du Chapitre,
Qui tous dans le procès avaient acquis un titre ;
Et, pour condamner Jeanne à la rigueur des lois,
Tous s'étaient prononcés d'une commune voix.
Les débats clos, l'Évêque employant l'assistance
D'un de ses assesseurs, rédigea la sentence :
D'après de faux récits, dont l'exposition
Devait justifier la condamnation,
Jeanne, comme hérétique, à l'erreur attachée,
Se trouvait de l'Église à jamais retranchée,
Et livrée en coupable au pouvoir séculier.

Avant de prononcer ce jugement dernier,
Le Prélat demanda, par une humble supplique,
Une grâce pour elle au tribunal laïque,

Afin que, dans l'arrêt, on écartât d'abord
La mutilation des membres et la mort.

Dieu juste ! du remords la dévorante flamme
Devait-elle, si tôt, pénétrer en son âme ?
Ce jugement inique avait-il, à la fin,
Ramené dans son cœur un sentiment humain ?...
Non, non, l'usage seul lui dictait sa requête :
Pour un trépas affreux la sentence était prête ;
Non, ce prêtre damné, sans pudeur et sans foi,
Ne devait pas faillir à son infâme emploi.

## ROUEN. — L'ABJURATION.

Les juges, sur les faits que l'on citait contre elle,
Pouvaient facilement condamner la Pucelle;
Mais le Prélat, malgré tant d'efforts superflus,
Ne perdait pas l'espoir d'obtenir encor plus.
Il roulait dans sa tête un nouveau stratagème,
Pour que Jeanne, en public, s'accusât elle-même.
Secondant ses projets, l'infâme Loiseleur
Continua son rôle avec non moins d'ardeur :
De triompher de Jeanne il était sûr, le traître,
Abritant ses forfaits sous le manteau du prêtre.
Aussi s'en servit-il jusqu'en confession,
Pour obtenir de Jeanne une abjuration,
L'assurant que sa vie, alors si compromise,
Serait sauve, en rentrant au giron de l'Église.
  Jeanne, en captivité déjà depuis un an,
Avait passé six mois aux prisons de Rouen,

En butte chaque jour à la haine mortelle
Que sans pitié, sans honte, on déployait contre elle,
N'ayant pas un ami qui vînt dans son malheur,
Conseiller son esprit et raffermir son cœur ;
Souffrante dans son corps, tourmentée en son âme,
Était-ce assez, ô ciel! pour une faible femme?
Non, le Prélat encor comptait sur un moyen
Qu'il devait, en public, tenter à Saint-Ouen.
L'Évêque avait choisi le vaste cimetière,
Qui pouvait contenir la populace entière;
Là, deux grands échafauds, par son ordre dressés,
Aux yeux de tout le peuple avaient été placés.
Sur l'un des deux siégeaient de docteurs en science,
De prêtres, d'assesseurs, une grande affluence ;
L'évêque de Boulogne et celui de Noyon ;
Winchester complétait cette réunion :
L'éminent cardinal surexcitait le zèle
De tous les assistants. L'autre, pour la Pucelle
Préparé, l'attendait. Mais avant qu'en ce lieu
On pût la disposer à faire cet aveu,
Un habile docteur, un insigne faussaire,
Un suppôt de l'Évêque, appelé Jean Beaupère,

Devait entretenir Jeanne dans sa prison,

Et disposer son âme à cette trahison :

Employant tour à tour et prière et menace ;

Lui montrant le supplice à côté de la grâce ;

Disant que de l'Église elle aurait le soutien,

Si son cœur revenait aux devoirs du chrétien.

Cet entretien fini, Jean Beaupère la quitte ;

Et, pour le même objet, Loiseleur vient ensuite,

Qui, prenant du docteur le langage et le ton,

Donne même conseil et fait même sermon.

Jusque sur l'échafaud il devait la conduire,

Et pendant le trajet, la convaincre, l'instruire

De toute l'importance alors d'un tel aveu,

Car un simple refus livrait son corps au feu.

Et c'est en cet état, et plus morte que vive,

Que cette pauvre fille au cimetière arrive.

Loiseleur la soutient jusque sur l'échafaud,

Et du doigt, en montant, lui montre le bourreau,

Qui convoite sa proie et déjà la menace

Du bûcher que pour elle on dresse sur la place.

Sur le même échafaud se trouvait Loiseleur,

Avec Guillaume Érard, savant prédicateur,

Qui devait au sermon prêter son ministère;

Puis, les appariteurs, l'huissier et le notaire.

D'un texte de saint Jean le docteur s'empara [28],

Et, dans un long discours, alors il démontra

Que la main de Jésus, dans sa faveur insigne,

Instituant l'Église, avait planté la vigne,

Dont la branche ne peut obtenir de produit

Loin du tronc qui lui donne et la fleur et le fruit;

Et que la chrétienté, sous ses rameaux assise,

Ne saurait prospérer qu'avec la sainte Église;

Et que Jeanne, en cherchant dans l'erreur un soutien,

Avait scandalisé tout le peuple chrétien.

Se laissant emporter par la fougue oratoire :

— « France, s'écria-t-il, comment l'as-tu pu croire,

» Hélas ! toi qui toujours as protégé la foi ?

» Tu t'es bien abusée, ô noble France ! et toi,

» Toi, Charles, qui te dis le roi de cet empire,

» Tu n'as pas craint de suivre une femme en délire,

» Qui n'a ni foi ni loi, pleine de déshonneur,

» Et tu veux de la France être le gouverneur !

» C'est à toi, Jeanne d'Arc, c'est à toi que je parle :

» Je te dis que ton roi, que l'hérétique Charle,

» Partageant tes erreurs, a perdu pour jamais
» Ses titres de chrétien et de roi des Français. »
    Jeanne avait écouté, sans proférer de plainte,
Les propos outrageants dont elle était atteinte,
Et laissait le champ libre au fougueux orateur ;
Mais, ô cœur trois fois pur ! quand le prédicateur
En termes insultants parla du roi de France,
Jeanne fut indignée, et rompant le silence :
    « Vous pouvez, Monseigneur, tout dire contre moi,
» Mais respectez la France et son auguste Roi.
» Ce Roi que vous osez traiter de schismatique,
» Charle, est un bon chrétien, un fervent catholique :
» Nul mieux n'aime la foi, l'Église, les Français !
» Oui, je le dis bien haut : tous mes dits, tous mes faits
» M'appartiennent ; mon roi, non ! ne m'a rien fait faire. »
— « Assez, cria l'Évêque ; huissier, faites-la taire. »
Ainsi jusqu'à la fin, pour la France et le Roi,
Cette âme généreuse avait gardé sa foi.
Mais pour un prince ingrat s'oublier elle-même,
Le Roi méritait-il ce dévoûment suprême ?
Oui, car de la patrie, hélas ! en ce moment,
Charle était le drapeau, le point de ralliment,

Et Jeanne, pour la France affrontant le supplice,
Devait à son pays ce dernier sacrifice.
— O noble nation ! combien dans tes malheurs,
Le Ciel pour ton salut produit de nobles cœurs ! —
    Après cet incident, qui, par son importance,
Avait ému le peuple et troublé l'assistance,
Le silence se fit, et de son long discours
L'éminent orateur put reprendre le cours.
Il crut devoir changer de ton et de système ;
Il adoucit sa voix, feignit la bonté même,
En s'adressant à Jeanne, et, d'un air paternel,
Lui parla longuement de l'Église et du Ciel :
    — « C'est pour votre salut, ma fille, que je prêche ;
» Quittez ce vain orgueil qui, lui seul, vous empêche
» De vous rendre en ce jour à la commune loi,
» Loi que le Ciel impose et qu'accepte la foi.
» Près des juges, enfant, vous êtes compromise ;
» Livrez, livrez vos faits à notre sainte Église,
» Et selon l'équité justice se fera,
» Et le Ciel par sa grâce, alors vous bénira. »
    — « Mon Dieu, qui pouvez lire au fond de ma pensée,
» De vous avoir déplu serais-je menacée ?

» Aurais-je, en vous servant avec tant de ferveur,

» Méconnu vos desseins ? O mon divin Sauveur !

» A moins qu'un pur rayon de votre sainte flamme,

» Descendant jusqu'à moi, ne pénètre mon âme,

» Et me prouve, Seigneur, qu'en sauvant mon pays,

» Je marchais sous les lois de ténébreux esprits...

» O mon Dieu, pardonnez à mon âme en démence :

» Vous seul, en me guidant, avez sauvé la France !...

» J'ai rempli de par Dieu ma sainte mission ;

» Mais je suis prête à faire une soumission,

» Si mes dits et mes faits, que de blâme l'on frappe,

» Avec sincérité sont adressés au Pape.

» Au souverain Pontife enfin je me soumets ! »

    Cet appel aurait dû suspendre le procès :

Car, comment condamner la Pucelle, soumise

Au tribunal de Rome et du chef de l'Église ?

L'Évêque embarrassé dit : « Le Pape est trop loin,

» Et de son jugement nous n'avons pas besoin ;

» Car, dans chaque évêché, ce sont les ordinaires

» Qui sont juges de droit en ces sortes d'affaires. »

On résolut que Jeanne enfin s'en rapportât

A la décision que prendrait le Prélat,

Aussitôt qu'en ses mains elle serait remise,
Pour juger de ses faits selon la sainte Église.

L'Église, c'était donc, hélas ! nos ennemis,
A qui les faits de Jeanne allaient être soumis !
On voulait en finir. Érard prit la cédule
Qui de son désaveu contenait la formule :
— « En signant, lui dit-il, cette abjuration,
» Tu peux de tes forfaits avoir rémission. »
Qu'était-ce qu'abjurer, Jeanne le savait-elle,
Quand, pour juge prenant l'Église universelle,
Et livrant au Pontife et ses dits et ses faits,
Elle croyait avoir satisfait au procès?
— « Tu les abjureras, ces faits, à l'instant même,
Dit Érard transporté d'une fureur extrême :
» Signe, signe, ou sinon justice aura son cours,
» Et ce jour est pour toi le dernier de tes jours. »
De nombreux assistants s'étant portés près d'elle,
A signer la cédule engageaient la Pucelle.
Les juges, les docteurs, et même le Prélat,
Qui tous, avec bonté, semblaient, dans ce débat,
N'avoir, en la pressant, que cette seule envie,
Le salut de son âme et le soin de sa vie,

Lui répétaient : « Eh quoi ! vous voulez donc périr ?

» C'est vous, coupable enfant, qui vous faites mourir.

» Du sort qui vous attend, n'êtes-vous pas touchée,

» En marchant au trépas à l'erreur attachée ?

» Pour la gloire du Ciel, abjurez-la soudain ;

» L'Église vous pardonne et vous ouvre son sein. »

— « Je ne puis sans pécher, hélas ! vous satisfaire,

» Car j'ai fait de par Dieu ce que je devais faire.

» Après avoir rempli ma sainte mission,

» Comment pourrai-je en faire une abjuration,

» Sans craindre que du Ciel le courroux ne me frappe ?

» Non, je dois persister dans mon recours au Pape. »

Sans plus attendre alors, le Prélat, par trois fois,

Dans ses sommations fit entendre sa voix.

Parmi les assesseurs bruissaient des murmures ;

Les Anglais, par des cris et même des injures,

Du milieu de la foule annonçaient au Prélat

Qu'il devait au plus tôt finir ce long débat.

Qui pourrait s'étonner que Jeanne, pauvre femme,

Quand tout l'abandonnait, sentît faillir son âme ?

L'heure était redoutable, et déjà le bourreau

Amenait sa charrette au pied de l'échafaud.

Jeanne faiblit, et dit, d'une voix indécise :
« Mon Dieu ! je me soumets aux juges de l'Église. »
On se hâta de prendre acte de cet aveu,
Car il était de tous et le but et le vœu.
De l'abjuration, l'huissier lut la formule,
Qu'en termes-très-confus contenait la cédule ;
Jeanne, les yeux au ciel, étouffant ses sanglots,
Sans comprendre le sens, en répétait les mots.
De la tromper encore était-il nécessaire ?
Pourtant, du prince anglais, dit-on, le secrétaire,
Au bas d'un autre écrit, dont il avait fait choix,
En lui prenant le bras lui fit mettre sa croix.

Les Rouennais joyeux, qui la croyaient sauvée,
Rendaient grâces au Ciel de l'avoir préservée.
Les Anglais furieux, qui ne comprenaient pas
Les raisons qui faisaient suspendre son trépas,
Exhalant leur courroux en injures grossières,
Menaçaient Janne d'Arc et lui lançaient des pierres ;
Mais bientôt à la foule imposant son pouvoir,
Le Cardinal la fit rentrer dans le devoir.

On lut à haute voix la nouvelle sentence,
Qui, par grâce, admettait Jeanne à la pénitence.

Le Prélat, résumant les phases du procès,
Énuméra de Jeanne et les dits et les faits
Qui la rendaient coupable envers la sainte Église.
Considérant alors qu'elle s'était soumise,
Qu'elle avait, en public, abjuré librement
Et ces dits et ces faits cités au jugement,
Il l'absolvait enfin du terrible anathème,
Qu'avaient lancé contre elle et l'Église et Dieu même ;
Réservant, pour que Jeanne expiât son erreur,
La prison, l'eau d'angoisse et le pain de douleur.

Après mainte promesse, et par l'Église absoute,
Jeanne d'Arc abjurant ne faisait aucun doute
Qu'aux prisons de l'Évêque admise désormais,
Elle ne fût soustraite au pouvoir des Anglais.
Érard, en l'exhortant, l'avait promis d'avance ;
Et même on s'attendait qu'après la pénitence,
Elle obtiendrait sa grâce avec la liberté.
Vain espoir qu'avaient eu, dans leur crédulité,
Des gens compatissants, qui sentaient en leur âme
Une tendre pitié pour cette pauvre femme ;
Car l'Évêque aussitôt, sans donner de raison,
La faisait reconduire en la même prison.

Warwick dit au Prélat : « L'Angleterre est trompée,
» Puisque Jeanne à la mort par vous est échappée ? »
— « N'ayez cure, seigneur, car, quand nous le voudrons
» Et-quand il sera temps, nous la retrouverons. »
    Jeanne dans sa prison fut alors reconduite.
Le vice-inquisiteur [29] y vint presqu'à sa suite;
De son sexe il lui fit prendre les vêtements,
Et la complimenta sur les bons sentiments
Qui la faisaient admettre au pardon de l'Église,
L'engageant désormais à lui rester soumise :
— « Car si vous reveniez, dit-il, à vos erreurs,
» Redoutez le trépas dans toutes ses horreurs ! »
    La Pucelle pouvait, après tant de souffrance,
D'un sort moins rigoureux conserver l'espérance .
Aux juges, à l'Évêque, elle avait obéi ;
Son espoir devait-il être si tôt trahi?
On avait obtenu ce qu'on attendait d'elle ,
Que fallait-il encor?... La mort de la Pucelle !
Mais comment obtenir ce dernier jugement ?
Le Prélat se disait que Jeanne, assurément ,
En abjurant ainsi devait être en délire :
Ne pourrait-elle pas à la fin se dédire ?

Alors, en reniant son abjuration,
Elle prononcerait sa condamnation.

Jeanne d'Arc, exposée à l'insulte, à la haine
De ses lâches gardiens, gémissait sous sa chaîne,
Quand le troisième jour, ce bruit se répandit :
Jeanne dans la prison a repris son habit !
Le Prélat avec joie apprit cette nouvelle,
Et dépêcha soudain auprès de la Pucelle
De nombreux assesseurs, pour s'assurer du fait,
Et rédiger ensuite un acte à cet effet.
Ils ne purent la voir, car, sans quartier ni trève,
L'Anglais les menaça de la hache et du glaive,
Disant que ces docteurs, par une trahison,
Venaient pour enlever Jeanne de sa prison.
Muni d'un ordre exprès, l'Évêque y vint ensuite,
Et toute l'assemblée alors fut introduite.

S'il fallait s'en fier au court procès-verbal,
Qui par l'Évêque fut remis au tribunal,
Jeanne d'Arc, sans respect, sans regret en son âme,
Aurait de son plein gré quitté l'habit de femme,
Et par ce gros méfait profané son serment,
Sans valable raison ; se plaignant seulement

Qu'on n'avait pas tenu vers elle la promesse

Que, libre de ses fers, elle irait à la messe.

Mais on n'y disait pas que, depuis son retour,

Les souffrances de Jeanne augmentaient chaque jour ;

Sur cinq archers anglais, trois se tenaient près d'elle,

Les autres à la porte étaient en sentinelle ;

La nuit même, elle était liée étroitement,

Sans pouvoir dans son lit se mouvoir librement ;

Pour en sortir, hélas ! à ses gardiens livrée,

Il fallait que par eux elle fût déferrée ;

— La pudeur se révolte à de pareils récits ! —

Enfin on la força de prendre ces habits,

Car ses gardiens avaient, par une ruse infâme,

Et pendant son sommeil, enlevé ceux de femme.

A tant de cruautés, dois-je ajouter encor,

Qu'imitant ses geôliers, un grand seigneur, un lord,

Sans honte osa tenter, dans sa lâche insolence,

De faire à sa pudeur outrage et violence ;

Que mainte fois Warwick vint lui porter secours,

Pour sauver son honneur et peut-être ses jours ;

Que devant le Prélat, la Pucelle en alarmes,

En proie à la douleur, les yeux baignés de larmes,

Et les membres meurtris par ses étroits liens,

Venait d'être battue, hélas! par ses gardiens?

Mais qu'avait-on besoin d'user de stratagème

Pour que Jeanne en ce jour s'accusât elle-même?

Sa pure conscience, avec sévérité,

Déjà lui reprochait toute sa lâcheté!

Aussi quand le Prélat, sans écouter ses plaintes,

Et voulant en finir, lui parla de ses saintes,

Demandant si, depuis son abjuration,

Elle avait entendu ses voix dans la prison:

— « Oui! oui ! s'écria-t-elle, en tous lieux, à toute heure,

» Partout je les entends!... Ah ! s'il faut que je meure,

» Sachez auparavant que cet indigne aveu

» Ne me fut arraché que par la peur du feu.

» Elles m'avaient bien dit : Jeanne, sois sans faiblesse,

» Et ne te laisse pas entraîner par l'adresse

» Que sauront employer de faux prédicateurs,

» Et réponds hardiment à tes accusateurs.

» Elles m'ont déjà dit, et me disent encore,

» Qu'à Dieu j'ai fait offense! Hélas! je le déplore!

» Ma vie est menacée et j'en fais l'abandon,

» Dieu juste, dans l'espoir d'obtenir mon pardon.

» Prenez-la donc enfin, car je déclare nulle
» La croix qu'on m'a fait mettre au bas de la cédule.
» Je n'ai point entendu nier mes visions,
» Ni révoquer en rien mes apparitions.
» Je suis prête à quitter ce vêtement qu'on blâme,
» Je ne puis faire plus. Mais ici je proclame,
» Bien haut et devant tous, ce vrai, ce saint aveu,
» Qu'en vainquant les Anglais j'obéissais à Dieu! »
    Le Prélat à ces mots fit lever la séance.
Jeanne avait prononcé sa mortelle sentence!
Mais Warwick au dehors et bon nombre d'Anglais
Attendaient des débats l'issue et le succès.
Le Prélat les salue avec ce cri de joie :
— « Farewell! Farewell! Nous tenons notre proie! »

## XII

## ROUEN. — LE SUPPLICE.

Le Prélat dans sa haine avait donc réussi,
Et Jeanne se trouvait, hélas ! à sa merci !
Il pouvait désormais, pour consommer son crime,
Au bûcher qui l'attend envoyer la victime !
Et dès le lendemain, ce génie infernal
Convoquait, au palais archiépiscopal,
Des prêtres, des docteurs, qui, sous sa présidence,
Devaient, selon son gré, prononcer la sentence.
Il leur communiqua la déclaration
De Jeanne reniant son abjuration,
Et tout ce que la veille, après la foi promise,
Elle avait fait et dit contre la sainte Église ;
Que son âme, livrée aux esprits suborneurs,
Était plus que jamais en proie à ses erreurs.
A l'unanimité, Jeanne parut coupable ;
Mais avant de lancer l'arrêt irrévocable.

13*

L'arrêt qui la livrait au pouvoir séculier,
Les docteurs demandaient, pour le justifier,
Et pour détruire en eux jusqu'au moindre scrupule,
Que l'Évêque en entier lui relût la cédule ;
Qu'il l'éclairât enfin sur l'horreur de son sort,
Et pût, en la prêchant, la soustraire à la mort.
L'Évêque les quitta, leur promettant de faire
Ce qu'en faveur de Jeanne il croirait nécessaire,
Et les remercia du soin qu'ils avaient pris.
Mais il se garda bien de suivre leur avis ;
Car le Prélat n'avait qu'une crainte secrète :
Il craignait qu'au trépas Jeanne ne fût soustraite !
Comment aurait-il pu lui lire cet écrit ?
Il savait qu'à l'instant Jeanne l'eût contredit :
De ce qu'il contenait elle eût été frappée
Et convaincue alors d'avoir été trompée ;
Car, dans ce faux écrit, Jeanne faisait l'aveu
Qu'en ses dits et ses faits elle blasphémait Dieu ;
Qu'elle n'avait point eu de mission sur terre
Pour délivrer la France et vaincre l'Angleterre ;
Que ses saintes, ses voix, ses révélations,
Ses visions n'étaient que pures fictions ;

Qu'elle avait pratiqué le charme et la magie;
Mais qu'à s'en repentir elle vouait sa vie,
Et qu'elle regrettait aussi le sang humain
Qu'impitoyablement avait versé sa main.
Le Prélat pouvait-il lui faire une lecture
Qui découvrait sa fraude et sa lâche imposture ?
  Jeanne, dans la prison, le lendemain matin,
Vit Martin Ladvenu, prêtre dominicain,
Qui, pendant le procès, animé d'un saint zèle,
Avait le plus montré de justice pour elle.
Il venait près de Jeanne adoucir les tourments
Qu'elle aurait à souffrir à ses derniers moments.
Les juges, par remords peut-être de leur crime,
Envoyaient ce saint homme auprès de la victime,
Pour lui signifier sa condamnation
Et l'admettre, au besoin, à la confession.
Quoique Jeanne à la mort, hélas! fût préparée;
Quoiqu'elle-même au juge elle se fût livrée,
En maintenant ses dits, sa mission, ses faits,
En vantant son triomphe au mépris des Anglais;
Quand le prêtre lui lut la sentence mortelle,
Et lui dit les apprêts d'une mort si cruelle,

Au plus grand désespoir son âme se livra,
Et devant Ladvenu la pauvre enfant pleura !
— « Faut-il donc, ô mon Dieu ! faut-il que je périsse.
» Après tant de tourments, par un pareil supplice !
» Faudra-t-il que mon corps, pur de corruption ,
» En cendres soit réduit, sans inhumation !
» O mon Dieu ! pourriez-vous, insensible à ma plainte.
» Me refuser un coin de votre terre sainte ,
» Où mon corps, torturé par la main des bourreaux,
» Puisse enfin dans l'oubli retrouver le repos ?
» Plutôt que d'être au feu si lâchement jetée,
» J'aimerais mieux sept fois être décapitée.
» Ah ! j'en appelle à Dieu, le grand juge du ciel,
» Et je voue aux Anglais un opprobre éternel. »
      Avec bonté le prêtre au devoir la rappelle,
Et lui dit que le Christ, pur, innocent comme elle ,
Expirant sur la croix pour nous racheter tous,
Mourut dans la souffrance en priant Dieu pour nous.
— « A ce divin Sauveur, abandonnez votre âme ;
» Laissez-vous pénétrer de sa céleste flamme ;
» Mourez et pardonnez, puisqu'enfin aujourd'hui,
» Dans un moment, hélas ! vous serez devant lui. »

Sainte Religion ! combien dans la souffrance,
L'humanité te doit de calme et d'espérance !
En vain l'injuste sort nous poursuit ici-bas,
Tu nous ouvres le ciel au-delà du trépas !
Jeanne se croit déjà devant le Dieu qu'elle aime ;
Se rappelant ses voix en ce moment suprême,
Ses voix qui lui disaient : « Jeanne, prends tout eu gré,
» Poursuis ta mission, ton sort est assuré. »
Mais ce salut promis, auquel son âme aspire,
Avec sa mission comprenait le martyre !
Jeanne l'accepte enfin, et dans un saint transport,
Fière de l'obtenir, elle bénit son sort.

Contre ses ennemis, Jeanne n'a plus de haine ;
A Dieu seul qui l'attend et qui brise sa chaîne,
Son âme est tout entière ! et son dernier espoir
Serait qu'avant sa mort elle pût recevoir,
Des mains de ce saint homme, en qui son cœur se fie,
Pour la dernière fois, la sainte Eucharistie.
Ladvenu pouvait-il, après le jugement,
Donner à Jeanne d'Arc ce très-saint sacrement,
Quand excommuniée, hélas ! la pauvre Jeanne
Mourait comme idolâtre, hérétique et profane ?

N'osant pas seul résoudre un point si délicat,

Le prêtre en avertit aussitôt le Prélat ;

Demandant s'il pouvait, à son heure dernière,

De cette infortunée exaucer la prière.

Mais l'Évêque, hésitant devant un cas pareil,

Crut devoir recueillir l'avis de son Conseil.

Épouvanté peut-être aux apprêts de son crime,

Il se rendit enfin au vœu de la victime.

Le corps, le sang du Christ, allaient donc être offerts

A celle qu'on vouait aux flammes des enfers !

Seule dans la prison, par le prêtre bénie,

Pleine d'un doux espoir Jeanne d'Arc communie :

Elle reçoit enfin Jésus-Christ, son Sauveur,

Avec la foi que donne une sainte ferveur.

Son trépas désormais est un heureux présage :

Les larmes de la joie inondent son visage ;

Un pur rayon du ciel semble éclairer ce lieu,

Qui renferme à la fois Jeanne, le prêtre et Dieu.

Quelques instants après entra Pierre Maurice [30],

Qui venait visiter Jeanne avant son supplice.

— « Maître Pierre, dit-elle, où serai-je aujourd'hui? »

— « Devant Dieu. N'est-il pas votre plus ferme appui? »

— « Oui, oui, répondit-elle ; en quittant cette terre,

» Je n'ai qu'un seul espoir : c'est en Dieu que j'espère ! »

Neuf heures ont sonné, Jeanne d'Arc, sans effroi,

Entend les derniers sons du lugubre beffroi ;

Et sur le Vieux-Marché, la foule, qui s'anime,

Avec angoisse attend l'innocente victime.

Jeanne a l'habit de femme. Une mitre à son front

La couvre et la flétrit d'un éternel affront.

On y lisait ces mots, peints d'un rouge écarlate :

*Idolâtre. Relapse. Hérétique. Apostate.*

Le funèbre cortége, ainsi que le bourreau,

Arrive et prend son rang dans la cour du château.

Jeanne voit ces apprêts sans que son front pâlisse,

Et quitte la prison pour marcher au supplice.

L'huissier Jean Massieu, près d'elle intervenu,

Suit Isambart La Pierre et Martin Ladvenu :

Ces prêtres, animés d'un dévoûment sublime,

N'ayant pu la sauver, assistent la victime.

La fatale charrette est là qui les attend ;

Le bourreau les reçoit et part au même instant.

Sept ou huit cents soldats entouraient la Pucelle,

Prêts à frapper quiconque aurait approché d'elle ;

Car, au milieu des cris d'ennemis furieux,

On voyait la pitié briller dans bien des yeux.

Forcé d'ouvrir sa voie à travers cette foule,

Comme un vaisseau qui fend péniblement la houle,

Le cortége marchait lentement, quand soudain

Se fait un grand tumulte au milieu du chemin :

Un homme au désespoir, pâle, effaré, se jette

Sous les pieds des chevaux qui traînent la charrette ;

Il demande pardon à l'ange de bonté

Qu'il a, si lâchement, trompé, persécuté :

Lui dévoilant enfin toute sa perfidie,

Il s'accuse tout haut, au mépris de sa vie,

Et semble succomber au poids de sa douleur...

Et cet homme, c'était NICOLAS LOISELEUR !

Mais la garde a bientôt réprimé tant d'audace ;

On le pousse à l'écart, du glaive on le menace :

On l'eût tué sur l'heure au milieu du public,

Sans le puissant secours du comte de Warwick.

Qui le fit s'évader, l'appelant lâche et traître,

— Parce qu'en ce moment il ne voulait plus l'être. —

L'ordre se rétablit, et jusqu'au Vieux-Marché,

Sans autres accidents, le cortége a marché :

Le voilà qui débouche enfin sur cette place,
Que couvre à flots pressés toute la populace...
Quand Jeanne, devant elle, aperçut le bûcher,
Que jusqu'au pied du mur on la fit approcher,
La jeunesse et la vie en son sein s'éveillèrent :
Ses yeux, levés au ciel, de larmes se mouillèrent.
— « Ah ! dit-elle, en laissant s'exhaler un soupir,
» Etait-ce donc ici que je devais mourir ?
» Rouen, Rouen, hélas ! de mon cruel supplice,
» J'ai grand'peur que le ciel un jour ne te punisse ! »
Oh ! non, rassure-toi, grande et noble cité :
Ce cri de sa douleur, Jeanne l'a rétracté.
Rouen est innocent du crime qui s'apprête ;
Si, secondant son deuil et son horreur secrète,
Une troupe française eût montré son drapeau,
L'Anglais eût dans Rouen pu trouver son tombeau ;
Mais Charle est oublieux de sa libératrice...
Et ma muse, en pleurant, doit chanter son supplice !

    Ainsi qu'à Saint-Ouen, et dans un vaste enclos,
On avait à grands frais dressé trois échafauds.
Sur le premier siégeait la justice suprême ;
L'Évêque et Winchester occupaient le deuxième

Avec plusieurs prélats et quelques assesseurs,
Car un nombre assez grand de prêtres, de docteurs,
A ce lugubre aspect avaient quitté la place ;
Et le troisième enfin, sur un plus grand espace,
D'où les soldats anglais empêchaient d'approcher,
Supportait l'appareil du sinistre bûcher.
Sa base avait été faite en maçonnerie ;
De fagots, de bois secs, entièrement garnie.
Au-dessus un plancher, vers le centre un poteau
Pour lier la victime, et sur un écriteau,
En avant du bûcher, étaient ces mots : « A celle
Qui se fait appeler Jeanne d'Arc la Pucelle,
Schismatique, hérétique, adorant de faux dieux,
Malcréant de la foi de Jésus et des cieux,
Esclave des démons, de Dieu blasphémeresse,
Dissolue et cruelle, impie et menteresse. »
Mais Jeanne, en attendant que le juge ordonnât
Qu'à cet affreux bûcher le bourreau la menât,
Aux regards de la foule, à la voir empressée,
Seule, sur une estrade avait été placée.
Et Nicole Midy, savant d'un grand renom,
Du haut d'une autre estrade alors fit un sermon,

Où Jeanne en durs propos ne fut pas épargnée...

Mais à tout supporter elle était résignée !

L'orateur termina par lui signifier

L'acte qui la livrait au pouvoir séculier,

Et dit : « Allez en paix ! vous devez tout attendre

» D'en haut ; l'Église ici ne peut plus vous défendre. »

  A genoux sur l'estrade, alors Jeanne pria

Son Sauveur et son Dieu, qui la fortifia :

Et Jeanne, en ce moment, semblait trouver des charmes

A laisser de ses yeux couler de douces larmes.

Elle pria d'abord pour la France et le Roi,

A qui jusqu'à la mort elle garda sa foi.

Puis, d'un coup d'œil rapide embrassant sa carrière,

Comme le voyageur qui regarde en arrière,

Elle y cherche un remords et, ne l'y trouvant pas,

Elle épanche son cœur en face du trépas :

Répétant qu'en ses faits, qu'on frappait d'anathème,

Elle avait fait de Dieu la volonté suprême ;

Invoquant tour à tour les saints du paradis,

Ses saintes, saint Michel, ses vrais, ses bons amis,

La sainte Trinité, puis la Vierge Marie,

Pour qui d'un pur amour son âme était remplie ;

Demandant humblement pardon de son passé
A quiconque aurait pu par elle être offensé,
Comme elle pardonnait la terrible vengeance
Que sur elle exerçait l'ennemi de la France.
Sa candeur, sa jeunesse et sa touchante voix
Émurent de pitié tout le peuple à la fois.
Le clergé, Winchester, en sa rudesse extrême,
Un grand nombre d'Anglais et jusqu'au Prélat même,
Qu'en ce moment peut-être un remords torturait,
Juges et spectateurs, tout le monde pleurait.
Après quelques instants, reprenant contenance,
L'évêque de Beauvais lui relut la sentence ;
Jeanne demande alors, d'une tremblante voix,
L'image de son Dieu, de Jésus sur la croix,
Pour que dans la souffrance, au milieu de la flamme,
Ce signe vénéré raffermisse son âme.
Un Anglais l'entendit : avec empressement,
De deux morceaux de bois, qu'il lia fortement,
Il lui fit une croix d'une forme grossière,
Qu'elle mit dans son sein ; mais Isambart La Pierre
Courut dans une église, assez près de ce lieu,
Et lui donnant un Christ il satisfit son vœu.

Jeanne tint sur son cœur cette image pressée,

Et dit : « Que devant moi cette croix soit placée ;

» Élevez-la bien haut, que je voie en mourant,

» Jésus-Christ, mon Sauveur, sur la croix expirant. »

La soldatesque anglaise, en sa rage inhumaine,

Troubla de ses clameurs cette touchante scène,

Criant honteusement : « Voilà qu'il est midi !

» Prêtres, voulez-vous donc que nous dînions ici ?

» Finissez ces débats, qu'on brûle l'hérétique. »

Le juge ne lut pas la sentence laïque,

Tant ce tumulte affreux avec force augmentait ;

Et du haut de l'estrade, où Jeanne encor priait,

Par cette soldatesque, à sa proie acharnée,

Jusque sur le bûcher elle fut entraînée.

L'évêque de Noyon et beaucoup d'assistants

Ne purent en ce lieu demeurer plus longtemps,

Et quand un chef anglais commanda le supplice,

Ils fuirent à ces mots : « Bourreau, fais ton office. »

Jeanne sur le bûcher a paru ; le bourreau,

Aux regards du public, l'a liée au poteau.

Là, debout et les bras croisés sur la poitrine,

Le visage éclairé d'une lueur divine,

Elle appela bien haut, par trois fois, saint Michel,

Et l'on vit ses regards rester fixés au ciel.

La foule contemplait la victime angélique,

Et ses cheveux épars, et sa blanche tunique.

A l'aspect du bourreau, de pitié, de terreur,

La foule se couvrit les yeux avec horreur.

Un cri de mille voix soudain se fit entendre ;

Le feu dans le bûcher commençait à s'éprendre !

Une épaisse fumée, en passant au travers

Des ais très-espacés, s'élevait dans les airs.

Le frère Ladvenu, près de la pauvre femme,

Ne s'apercevait pas des tourbillons de flamme

Qui, du bas du bûcher, les entouraient tous deux ;

Jeanne, en le prévenant de ce péril affreux,

Fit descendre aussitôt ce bon, ce pieux prêtre,

Et vit l'éternité devant elle apparaître !...

En ce moment terrible, un homme s'avança ;

Assez près du bûcher cet homme se plaça...

Il semblait de sang-froid contempler cette femme

Que le feu dévorait !... Mais, à travers la flamme,

Jeanne le reconnut, et cria devant tous :

« Évêque de Beauvais, je meurs, je meurs par vous. »

On ne la voyait plus, tant le feu, la fumée,

Dans un brasier ardent la tenaient renfermée.

Des cris, entrecoupés du râle de la mort,

Révélaient ses tourments et l'horreur de son sort.

Tout à coup on l'entend, de feux enveloppée,

Crier : « Mes voix !... mes voix ne m'avaient pas trompée ! »

Ah ! ses saintes sans doute étaient là, sous ses yeux,

L'attendant à mourir, pour l'escorter aux cieux...

Puis, le vent écartant la fumée et la flamme,

A moitié consumée, on vit la pauvre femme !

Elle redit encor ce dernier mot : « Jésus ! » ....

Sa tête s'inclina, Jeanne n'existait plus.

# XIII.

## LA RÉHABILITATION.

Aînsi Jeanne, à vingt ans, au sortir de l'enfance,
Avait sur un bûcher fini son existence !
De ce crime odieux l'acte était consommé ;
Mais avant que le corps, en entier consumé,
N'offrît plus aux regards qu'un amas de poussière,
On voulut que le peuple, en sa forme première,
Le vît et fût certain que Jeanne n'avait pas,
Par ruse ou par miracle, évité le trépas.
De cet ardent brasier on éteignit la flamme ;
On exposa le corps de cette pauvre femme
Aux regards déhontés de gens sans frein, sans cœur,
Et qui de Jeanne morte insultaient la pudeur.
Au premier rang était la soldatesque anglaise,
Qui put de ce tableau se repaître à son aise.
Bientôt on ordonna de rallumer le feu,
Et le bûcher flamba longtemps sous le ciel bleu...

14

Quand, faute d'aliments, la flamme dut descendre,
De Jeanne il ne restait, hélas ! qu'un peu de cendre.
Cette cendre sacrée, objet de nos respects,
Au moins dans le tombeau va reposer en paix.
Non, l'ennemi n'a pas assouvi sa vengeance :
Ne voulant pas laisser sur la terre de France
Un reste, quel qu'il fût et qui pût devenir
Une sainte relique, un pieux souvenir,
Les Anglais, n'écoutant qu'une implacable haine,
Firent prendre et jeter les cendres dans la Seine.

    Tout était donc fini ! Jeanne expirait, hélas !
Dans les convulsions du plus affreux trépas :
Et l'Anglais, triomphant dans sa lâche vengeance,
S'imaginait avoir déshonoré la France !
Et, fier de son triomphe, il croyait désormais
Pouvoir anéantir le parti des Français !
Mais il s'était trompé dans son calcul infâme :
Tout haut, on déplorait la mort de cette femme ;
Tout haut, on accusait les juges, le Prélat,
D'avoir commis sur Jeanne un lâche assassinat.
On les montrait au doigt, en les appelant traîtres ;
Quelques Anglais criaient anathème à leurs maîtres ;

Le peuple de Rouen, plein d'indignation,

Vouait nos ennemis à l'exécration :

Et pour tous, la Pucelle était morte martyre.

Aussi, de toutes parts on entendait redire

Qu'au moment où sa voix avait crié : Jésus !

Son âme était montée au séjour des élus.

Chacun, à sa manière, exprimait une plainte,

Car on avait brûlé, disait-on, une sainte,

Que l'on plaçait déjà parmi les bienheureux,

En sollicitant d'elle un pardon généreux ;

Et chacun répétait : Que mon âme chrétienne

Puisse être admise un jour où doit être la sienne !

En remuant la cendre, on dit que le bourreau

Fut surpris à l'aspect d'un miracle nouveau,

Et se sentit frappé d'une frayeur mortelle,

En y trouvant intact le cœur de la Pucelle,

Que le feu dévorant n'avait pu consumer,

Et qui, saignant encor, paraissait s'animer.

Il s'accuse, il gémit d'avoir commis un crime,

Et demande tout haut pardon à la victime.

Pour soulager son âme, il courut sans retard

Confesser son forfait au bon prêtre Isambard.

Un Anglais, animé d'une haine cruelle,
Alla jusqu'au bûcher insulter la Pucelle ;
Apportant un fagot, il voulut que sa main
Vînt aussi prendre part à cet acte inhumain.
A ce nom qu'en mourant Jeanne avait fait entendre,
D'une frayeur soudaine il ne put se défendre :
Il s'arrête en tremblant, ses forces l'ont trahi,
Il veut fuir, il chancelle et tombe évanoui.
On le fait transporter hors de ce lieu sinistre ;
En reprenant ses sens, il demande un ministre,
Un prêtre, qui, sachant, par la confession,
Toute l'énormité de sa lâche action,
Et lisant dans son âme inquiète et troublée,
Puisse calmer les maux dont elle est accablée.
Lui-même raconta qu'en ce fatal moment
Il fut pris d'un vertige, et si subitement,
Qu'il crut que le bûcher allait être sa tombe !
Mais, dans le même instant, une blanche colombe
Frappa l'air de son aile, et, du milieu du feu,
Légère, radieuse, elle vola vers Dieu.

D'autres virent enfin, écrit en traits de flamme,
A ce moment où Jeanne à Dieu rendait son âme,

Le saint nom de Jésus, qui, montant vers le ciel,
Semblait porter cette âme au séjour éternel.

Aux yeux du peuple entier, qui donc avait fait naître
Ces tendres fictions ?... Le doigt de Dieu, peut-être !
Car chacun exprimait, quoique différemment,
La même impression, le même sentiment.

De l'espoir qu'avait eu le Conseil d'Angleterre,
La mort de Jeanne d'Arc produisait le contraire.
Devant un peuple immense en la faisant mourir,
D'infamie et d'opprobre il croyait la couvrir ;
Il se voyait déçu dans sa rage ennemie,
Car sur lui retombaient l'opprobre et l'infamie.
Les juges, le Prélat et certains assesseurs,
Que le peuple rangeait parmi nos oppresseurs,
Ne pouvaient se montrer, sans qu'un cri légitime
Vînt flétrir les bourreaux et venger la victime.
Cherchant à réprimer ces démonstrations,
Qui se manifestaient par des agressions,
Et pour justifier l'horreur d'un tel supplice,
L'Évêque eut de nouveau recours à l'artifice :
Le Prélat se souvint que, pendant le procès,
Ne voulant pas du Roi révéler les secrets,

Jeanne s'était servie alors d'un stratagème,
Qu'elle avait avoué, disait-il, elle-même :
— « L'ange, aurait-elle dit, qui convainquit le Roi,
J'en ai honte aujourd'hui, n'était autre que moi. »
Et, dans cette innocente et simple allégorie,
Le Prélat voulut voir une supercherie ;
Et Jeanne, sur ce point cachant la vérité,
Pouvait être accusée ailleurs de fausseté.
Puis il imagina qu'en marchant au supplice,
Détestant ses erreurs et le vil artifice
Dont elle avait usé pendant tout le procès,
Elle avait renié sa mission, ses faits,
En acceptant enfin en entier la formule
De l'abjuration que portait la cédule.
Pour un procès-verbal qu'il devait publier,
Il s'enquit de témoins qui n'osèrent nier,
En face du Prélat, l'odieuse imposture ;
Mais aucun ne voulut donner sa signature.
Ils furent seulement cités dans cet écrit,
Comme ayant entendu ce que Jeanne avait dit.
Et c'était, appuyé d'un mensonge semblable,
Qu'on espérait prouver que Jeanne était coupable ;

Que le régent Bedford et le Conseil anglais,
Aidés de leur suppôt, l'évêque de Beauvais,
Envoyaient ce rapport, si plein de fourberies,
A l'empereur, aux rois, princes et seigneuries,
Afin que chacun d'eux, par la publicité,
En instruisît soudain toute la chrétienté.
En France, en même temps, une autre circulaire
Enjoignait aux prélats de publier en chaire,
Que, par devant témoins, à ses derniers moments,
Jeanne se repentit de ses égarements.
Dans les lieux que l'Anglais tenait en servitude,
On dut suivre cet ordre avec exactitude ;
A Paris, notamment, des prédications,
Des sermons en plein air et des processions
Venaient redire à tous, qu'en face du supplice,
Et redoutant du Ciel l'éternelle justice,
Jeanne d'Arc, repentante et pleine de terreurs,
Avait fait en public l'aveu de ses erreurs.

Dans les pays chrétiens, et surtout dans la France,
Ces mensonges grossiers furent sans influence :
On n'en disait pas moins que le régent Bedford
S'était déshonoré par cette injuste mort ;

Qu'en haine de la France il consomma son crime,
Et que de ses succès Jeanne mourait victime.
Mais le peuple, à Rouen, par de grandes clameurs,
Avait inquiété l'Évêque et maints docteurs ;
Et le duc de Bedford crut alors nécessaire,
De faire publier que le roi d'Angleterre,
Donnant au jugement son approbation,
Prenait toute la Cour sous sa protection,
En l'aidant, à Rouen et dans toute autre ville,
Fût-ce devant le Pape ou devant le Concile,
Ou près des tribunaux étrangers ou français,
Envers et contre tous, à ses périls et frais.
Bedford avait raison ! Pour payer leurs services,
Il devait se porter garant de ses complices !

  Que les princes chrétiens, étrangers au procès,
Ne répondissent pas au manifeste anglais,
Cela peut s'expliquer ; mais que le roi de France
Montrât à cet écrit la même indifférence ;
Qu'après avoir laissé la Pucelle périr,
Il la laissât encore insulter et flétrir ;
Qu'il oubliât, l'ingrat ! que par elle, naguère,
Il avait triomphé de la fière Angleterre !

Ah ! quoiqu'il ait plus tard pris sa part des succès
Que sur nos ennemis obtinrent les Français,
Par ce lâche abandon, la mort de la Pucelle
Imprime à sa mémoire une tache éternelle.
Et Bedford, qui croyait, au prix de ce trépas,
Ramener la victoire esclave sous ses pas,
Donnait à Jeanne, après avoir sauvé l'empire,
Une autre gloire encor : la palme du martyre !

De l'Arbitre du sort respectons les décrets ;
Car qui peut ici-bas pénétrer ses secrets ?
Nous avons accusé l'injustice des hommes
Immolant Jeanne d'Arc ; insensés que nous sommes !
Peut-être devons-nous, bénissant cette mort,
En louer l'Éternel qui la grandit encor.
L'Anglais était vaincu, la France était vengée,
Jeanne de l'héroïsme atteignait l'apogée,
Sa récompense enfin, que hâtait son trépas,
Jeanne ne devait point la trouver ici-bas ;
Jeanne était dans le ciel, et grande et glorieuse,
Et de notre abandon même victorieuse.

Son supplice, en couvrant d'opprobre les Anglais,
Vint ranimer contre eux le parti des Français :

Pour chasser l'étranger et venger la Pucelle,

Nos guerriers aux combats rivalisaient de zèle ;

Jeanne semblait encore, ainsi qu'aux premiers temps,

Surexciter l'ardeur de tous nos combattants.

On l'invoquait au Ciel, et, comme un bon génie,

Le peuple l'appelait l'ange de la patrie,

Qui, parmi les mortels être mystérieux,

Nous sauva sur la terre et nous protège aux cieux.

     Après l'injuste mort de la sainte héroïne,

Sur ses persécuteurs la justice divine

Sembla s'appesantir, du moins sur la plupart

De ceux qui lâchement y prirent une part :

L'évêque de Beauvais, cet infâme hypocrite !

Fut, quelque temps après, frappé de mort subite.

Puis Nicole Midy, qui, sur le Vieux-Marché,

Avec tant de rigueur sur Jeanne avait prêché,

Fut atteint de la lèpre, et cette maladie,

Après d'affreux tourments, mit un terme à sa vie.

D'un certain d'Estivet, promoteur au procès,

Qui contre Jeanne avait commis le plus d'excès,

Aux portes de Rouen, le corps, par aventure,

Fut trouvé dans la fange et tout couvert d'ordure.

Dans une église à Bâle, en proie à sa douleur,
Mourut subitement Nicolas Loiseleur.
Le régent des Anglais eut une mort moins prompte,
Mais il devait aussi, de dépit et de honte,
Succomber à Rouen, dans ce même château
Que Jeanne avait quitté pour suivre le bourreau.
Au nom de Henry six on brûla la victime !
Henry six, quoiqu'enfant, en expia le crime :
Comme roi des Anglais, ce prince infortuné
Perdit deux fois son trône et fut assassiné.
Des vengeances de Dieu suprême et dernier signe !
Charles sept, ce grand roi, cet égoïste insigne,
Avait oublié Jeanne à son dernier moment,
Sa mort, terrible hélas ! parut un châtiment.
Des ennemis vainqueur, libre d'inquiétude,
Il pouvait être heureux.... Mais non, l'ingratitude,
Dont il devait, comme elle, éprouver les effets,
Vint consumer ses jours au sein de son palais.
D'un fils dénaturé, des Louis le onzième,
Qui devait après lui porter le diadème,
Redoutant le poison ou le fer assassin,
Il se laissa mourir de misère et de faim.

On se souvient encor qu'en ses sages répliques,
Jeanne avait prononcé ces accents prophétiques :
« Si vous laissiez un gage en quittant Orléans,
» Vous devez en laisser un autre avant sept ans. »
Cette prédiction, qu'alors Jeanne avait faite,
S'accomplissait : l'Anglais, de défaite en défaite,
Abandonnait Paris, et, pleins d'un noble élan,
Nos valeureux guerriers le chassaient de Rouen.
La prise de Cherbourg, de la Guienne entière,
Donnait à nos exploits une libre carrière ;
Enfin à Castillon, dans un dernier assaut,
Célèbre par la mort de l'illustre Talbot,
Les ennemis vaincus abandonnaient la France.
Comme un dernier débris de leur toute-puissance,
Pendant un siècle encor, la ville de Calais
Devait seule rester au pouvoir des Anglais.

    Charles sept, mieux servi par un bon entourage,
Avait dans les combats révélé du courage ;
Marchant aux ennemis en tête des Français,
Il eut sa part de gloire et sa part de succès.
En entrant à Rouen, où Jeanne prisonnière
Avait sur un bûcher terminé sa carrière,

De pitié, de remords, son cœur dut s'émouvoir,
Et dans ce lieu, peut-être, il comprit un devoir.
Le peuple tout entier, par un récit fidèle,
Pouvait lui rapporter la mort de la Pucelle,
Et la longue agonie, et les affreux tourments
Que Jeanne eut à souffrir à ses derniers moments.
Le Prince résolut de punir un grand crime,
En réhabilitant l'innocente victime.
Il fallait faire alors réviser le procès,
Frapper les assassins et démasquer l'Anglais.
Jeanne, comme hérétique, ayant été soumise
A l'arrêt rigoureux des juges de l'Église,
Le Pape seul avait le droit d'intervenir
Dans la révision qu'on voulait obtenir.
Charles sept ordonna de rechercher les pièces,
Et tous les documents de diverses espèces,
Qui, contre Jeanne d'Arc, avaient iniquement
Servi pour prononcer ce cruel jugement.
Quand on eut terminé cette sévère enquête,
Au Souverain Pontife on fit une requête,
Où le roi Charles sept, au nom de l'équité,
De revoir ce procès priait Sa Sainteté.

Mais on craignait à Rome un conflit politique,
Car l'Angleterre était en ce temps catholique,
Et le Roi demandant cette révision,
C'était livrer l'Anglais à l'indignation ;
Dans l'intérêt du Pape, il était nécessaire
De réconcilier la France et l'Angleterre.
L'Eglise avait alors de puissants ennemis !
Le Pontife hésitait... quand il lui fut soumis
Une nouvelle instance au nom de la famille,
Venant intercéder pour cette pauvre fille.
Cette affaire privée eut un entier succès,
Et le Pape promit de revoir le procès.
Ce fut Calixte trois, au siége apostolique
Nouvellement promu, qui reçut la supplique
Et qui, par un rescrit, désigna trois prélats,
Puis un inquisiteur, pour suivre les débats.

   Autant on avait mis, dans la première affaire,
D'irrégularité, de haine, d'arbitraire ;
Autant dans la nouvelle, avec sévérité,
On devait rechercher l'exacte vérité.
Et ce fut à Paris, que, pleins de bienveillance,
Les évêques d'abord donnèrent audience.

Isabelle Romée [31] et deux de ses enfants
Venaient solliciter, après plus de vingt ans,
La justice tardive, hélas ! qu'une famille,
Qu'une mère éplorée attendait pour sa fille :
— De cette enfant chérie apprenant le destin,
Le père, Jacques d'Arc , était mort de chagrin. —
Au nom des demandeurs , dans la publique enceinte ,
Maugier, docteur en droit, hautement porta plainte
Contre Jean d'Estivet, l'évêque de Beauvais,
Jean Lemaistre et tous ceux qui , durant le procès,
Complices avoués d'un jugement inique ,
Pouvaient être cités au Conseil juridique.
Après qu'on eut rempli cette formalité,
Au palais de Rouen le procès fut porté.
    On avait recueilli jusqu'au plus faible indice
Pouvant dans les débats éclairer la justice.
Une enquête fut faite aussi, pendant ce temps,
Dans Rouen, dans Paris, même dans Orléans
Et dans le lieu natal de la pauvre victime.
On n'entendit partout qu'une voix unanime
Qui la glorifiait : son écuyer d'Aulon ,
Le comte de Dunois, le prince d'Alençon ,

Le sire de Gaucourt et de Contes, son page,
A ses rares vertus rendaient un juste hommage.
    Isambard de La Pierre, et Martin Ladvenu,
Et frère Pasquerel, qui tous avaient connu,
Par la confession, son intime existence,
Proclamaient hautement sa candide innocence,
Son dévoûment sublime, et sa constante foi
Dans l'heureux avenir de la France et du Roi.
    Orléans l'ayant vue, au pied de ses murailles,
Repousser les Anglais et gagner des batailles,
Se souvenait toujours que Jeanne avait été
L'artisan de sa gloire et de sa liberté.
Rouen voyait encor le bûcher, et la flamme,
Et le supplice affreux de cette pauvre femme :
En vain à la vengeance il avait fait appel ;
Il l'attendait enfin des hommes et du Ciel !
Et Domremy, qui vit naître la sainte fille,
Qui l'avait admirée au sein de sa famille,
Exaltait à la fois ses vertus, sa candeur,
Sa piété si douce et surtout son bon cœur.
    Les témoins réunis, l'enquête terminée
La première audience à Rouen fut donnée;

Et ce fut au palais archiépiscopal
Qu'avec solennité siégea le tribunal.
Il avait dans les mains l'infâme procédure,
D'où transpiraient partout la fraude et l'imposture :
Aussi les héritiers du prélat de Beauvais
Refusèrent bien haut toute part au procès ;
Mais surpris, indignés, ils avaient peine à croire
Que l'Évêque eût commis une action si noire.
Son digne successeur, qu'on avait fait venir,
Déclara ne vouloir en rien le soutenir.
Sans contradiction, la vérité suprême,
En frappant tous les yeux, se montrait d'elle-même.
Des coupables enfin qu'on avait recherchés,
La plupart étaient morts et les autres cachés.
Le vice-inquisiteur, le juge Jean Lemaistre,
Quoiqu'existant encor n'osa pas comparaître :
Sa vie aurait couru sans doute un grand danger,
Il la mit à couvert en pays étranger.
Ainsi, dans le procès, nulle partie adverse
Ne devait essayer, par une controverse,
D'attaquer en public le savant avocat
Qui, plein d'un noble élan et fier de son mandat,

Venait, par sa parole émouvante et sublime,
Relever l'innocence et foudroyer le crime.
En suivant pas à pas les phases du procès,
Il justifiait Jeanne en ses dits et ses faits :
— Ses visions! Dieu seul en connaît l'origine.
— Sa mission lui vient d'une source divine.
Qui peut en contester le pur et noble but,
Quand la France lui doit sa gloire et son salut?
— L'habit d'homme ne peut constituer un crime :
Protégeant la pudeur il devient légitime.
— L'Église militante a son dogme pour loi,
Et nul chrétien ne peut y soustraire sa foi :
Le dogme sauf, l'Église accorde à la pensée
Son libre et plein essor, sans en être offensée :
Donc à l'Église Jeanne eut, sur sa mission,
Le droit de refuser toute soumission :
Et pourtant elle a fait un appel inutile
Au jugement du Pape ainsi que du Concile.
— Son abjuration ! tortionnaire aveu,
Qui ne fut obtenu que par la peur du feu ;
Acte nul, mensonger et non compris par elle,
Et que le lendemain rétractait la Pucelle.

— Sa condamnation ! Jeanne devait mourir :
Les Anglais ordonnaient, il fallait obéir ;
Mais, l'entourant partout d'embûches et de piéges,
On voulait la convaincre enfin de sortiléges,
Et, pour y parvenir, les douze assertions,
Extraites, disait-on, de ses confessions,
Suffisaient au procès pour déposer contre elle
Et pour justifier la mort de la Pucelle ;
Infâme calomnie et mensonge flagrant,
Que l'habile avocat réduisit à néant.
Aussi demanda-t-il que Jeanne en fût vengée,
Et que l'on réparât sa mémoire outragée.

Cependant les docteurs, les prêtres, les prélats,
Les théologiens, les doctes avocats,
Qu'on avait consultés avant que de conclure,
Envoyaient leur avis sur cette procédure ;
Et l'indignation qui s'y manifestait,
Venait accroître encor celle qu'on ressentait ;
Car d'anciens assesseurs de ce procès inique,
Et, même dans Rouen, l'opinion publique
Ne savaient qu'à demi les coupables excès
Que les juges avaient commis dans ce procès.

L'arrêt est prononcé : la suprême sentence
Des douze assertions annule l'existence,
Comme atteintes de dol, et faites méchamment
Dans le but d'obtenir un arrêt infamant ;
Et pour qu'il n'en restât ni vestige ni trace,
On dut les lacérer et les brûler sur place.
Aussi, considérant les attestations
Et des nombreux témoins les dépositions,
Qui, toutes en faveur de l'illustre victime,
Venaient aux yeux de tous dévoiler un grand crime ;
Le Tribunal conclut, à l'unanimité,
Au nom de l'immortelle et sainte Trinité :
« Nous, prenant Dieu pour juge en cette circonstance,
» Jugeons et déclarons les procès, la sentence,
» Par tant d'iniquités et de fraudes produits,
» Devoir être à jamais lacérés et détruits ;
» Déclarons Jeanne d'Arc, pieuse et sainte fille !
» Ses frères, et sa mère, et toute sa famille,
» N'avoir onc encouru, par ces faux jugements,
» Nulle tache infamante, et de tout crime exempts. »
Le Tribunal ensuite, et comme conséquence,
Enjoint de publier aussitôt la sentence :

D'abord à Saint-Ouen, où de sa mission
La pauvre fille avait fait abjuration ;
Ensuite au Vieux-Marché, lieu d'horreur et de crime,
Où périt par le feu l'innocente victime.
Pour rendre à sa mémoire un hommage éternel,
Il veut en même temps qu'un sermon solennel,
Proclamant l'innocence à qui vit l'agonie,
Vienne sanctifier cette cérémonie ;
Et qu'en ces deux endroits, comme expiation,
Une croix soit plantée en son intention ,
Se réservant de faire aussi dans d'autres villes
Les réparations qu'il jugerait utiles.

Les femmes d'Orléans n'avaient pas attendu
Qu'on ordonnât qu'à Jeanne hommage fût rendu ;
Au milieu de ce pont, où, couverte de gloire ,
Arriva la Pucelle, aux cris de la Victoire
Proclamant son triomphe et son plus grand succès,
Ces femmes avaient fait élever à leurs frais,
Pour fêter en ce jour la tardive justice,
Un monument de gloire à leur libératrice.

Si, contre l'équité, des juges corrompus
De l'Église avaient fait un criminel abus,

En frappant la Pucelle à leur arrêt soumise ;
D'autres juges enfin, de par la sainte Église,
Prenant la vérité pour guide en ce moment,
Venaient, aux vœux de tous, casser ce jugement.
C'étaient de saints prélats, par ordre apostolique,
Consultant en tous lieux l'opinion publique,
Et scrutant avec soin les pièces du procès,
Qui glorifiaient Jeanne en ses dits et ses faits.

Pour clore et compléter l'œuvre réparatrice,
Puisse l'Église un jour, à tous faisant justice,
Du sceau réprobateur marquer les assassins
Et placer la Pucelle au nombre de ses saints !

## CONCLUSION.

Telle est de Jeanne d'Arc la véridique histoire.
Français, au nom de Dieu, gardons-en la mémoire.
C'est sa grâce, c'est lui qui, dans nos mauvais jours,
Inspirant Jeanne d'Arc, nous donna son secours.
En effet, Jeanne enfant, modeste et simple fille,
Vivant dans son village au sein de sa famille,
Travaillait à la terre et gardait ses brebis,
Sans comprendre les maux que souffrait le pays.
Tout à coup un rayon d'une céleste flamme,
En embrasant son cœur illumine son âme ;
De la France asservie elle plaint le destin,
Et gémit sur le sort du malheureux Dauphin ;
Elle a des visions ; des voix à son oreille,
Et le jour, et la nuit pendant qu'elle sommeille,
Disposant son esprit à l'exaltation,
Lui révèlent enfin sa sainte mission ;

Et les vaillants soldats de la fière Angleterre
Vont fuir honteusement devant une bergère !
Tous ces faits, du hasard ne seraient-ils qu'un jeu,
Ou devons-nous y voir la main, l'esprit de Dieu,
Dirigeant, inspirant la simple paysanne,
Et de nos ennemis faisant triompher Jeanne ?
Au comble du malheur, ah ! croyons que le Ciel
Daigna jeter sur nous un regard paternel.
Nous n'avions plus d'espoir que dans sa Providence :
« Oui, Dieu nous protégea, Dieu protège la France ! »
Ainsi Jeanne n'est plus qu'un fragile instrument,
A qui Dieu donne force, adresse et dévoûment.
Devant tous les périls, devant tous les obstacles,
C'est le Ciel qui par Jeanne opère des miracles
Et nous sauve des mains d'un cruel ennemi.
Aussi la pauvre fille, en quittant Domremy,
Pour vaincre les Anglais ne comptait pas sur elle ;
Et quand de Vaucouleurs s'éloigna la Pucelle :
— « En route, disait-on, le péril est certain ! »
Et Jeanne répondait : « Dieu fera mon chemin. »
— « Partir, si jeune, hélas! » — « Que voulez-vous ? peut-être
» Était-ce pour cela que le Ciel me fit naître. »

Ainsi Jeanne, aux combats dirigeant les Français,
Rapportait à Dieu seul sa gloire et ses succès.
Devant les ennemis en marchant la première,
Pour arme elle portait une simple bannière;
Dans les plus grands périls précipitant ses pas,
« Elle affrontait la mort et ne la donnait pas. »
    Pauvre enfant! tu n'as fait que passer sur la terre,
Et ta courte existence est encore un mystère :
L'humanité te place au-dessus des mortels,
La France à ta mémoire élève des autels.
Ta noble mission sur terre est bien remplie :
Tu meurs vierge et martyre, en sauvant la patrie!

# NOTES.

# NOTES.

—

Cette œuvre ne contient pas un fait qui ne soit historique; mais on s'est cru autorisé à ne pas respecter toujours l'ordre rigoureux des dates.

—

¹ *Page 4.* — Jeanne avait une sœur cadette appelée Catherine.

² *Page 5.* — Bois-Chenu, à une demi-lieue de Domremy.

³ *Page 7.* — A quelque distance de Domremy, s'élevait une petite chapelle, dédiée à la Vierge et connue sous le nom d'Ermitage de Sainte-Marie, ou de Notre-Dame-de-Bermont. Jeanne avait l'habitude de s'y rendre en pèlerinage tous les samedis après midi.

⁴ *Page 11.* — Alain Chartier, dans une lettre à un prince étranger, écrite vers la fin de juillet 1429, mentionne la voix qui, du sein d'un nuage *(voce ex nube nata)*, l'avertit plusieurs fois, depuis sa douzième année, d'aller trouver le roi et de secourir le royaume. — Perceval de Boulain-Villiers (21 juin 1429) ne parle aussi que d'un nuage resplendissant et de la voix qui, du sein de la nue, lui commande de s'armer pour rétablir le roi et le royaume. — H. WALLON, *Histoire de Jeanne d'Arc*, 2ᵉ vol., p. 275.

⁵ *Page 12.* — La ville de Vaucouleurs.

⁶ *Page 17.* — Arrivés à Vaucouleurs,... ils vinrent loger chez un charron, nommé Henri, dont la femme, nommée

Catherine, ne tarda pas à prendre Jeanne en amitié. — J.-J.-E. ROY, *Histoire de Jeanne d'Arc.*

[7] *Page 17.* — Après la mort de Charles VI, qui arriva le 21 octobre 1422, le duc de Bedford, régent de France, fit proclamer Henry VI roi de France et d'Angleterre. Dans le même temps avait lieu, dans un château ignoré, au fond d'une province, une autre proclamation. Le Dauphin était au château d'Espaly, en Velay, lorsqu'il apprit la mort de son père. Il s'habille de noir et entend la messe dans la chapelle du château. Un petit nombre de gentilshommes fidèles le proclament roi ; on déploie la bannière aux fleurs de lis d'or. Une douzaine de serviteurs crient : Noël ! vive notre roi Charles VII ! — CHATEAUBRIAND, *Études historiques.*

Voilà pourquoi on donnait au Dauphin le titre de roi, qu'il n'aurait dû légitimement porter qu'après son sacre.

[8] *Page 25.* — De Vaucouleurs à Chinon, on compte 150 lieues, et, malgré de nombreux détours, qu'il était indispensable de prendre, des obstacles de toute nature à surmonter, à travers un pays ennemi, à la fin de l'hiver, par des routes coupées de rivières profondes, ce voyage se fit en onze jours. — J.-J.-E. ROY.

[9] *Page 30.* — Il paraît que Jeanne avait adopté le surnom de la Pucelle, qui est synonyme de vierge, dès l'époque où elle avait consacré sa virginité à Dieu. Dans ce temps-là, on nommait ainsi toutes les jeunes filles dont la vie était chaste et les mœurs pures : le nom de vierge n'était guère employé qu'en parlant de la mère du Sauveur. — J.-J.-E. ROY.

[10] *Page 31.* — Quand Charles VII s'était vu accablé par

l'adversité, il y eut un moment où il désespéra de sa cause. Ne sachant à quoi attribuer ses malheurs, il s'imagina que, d'après la vie dissolue et les désordres d'Isabelle de Bavière, il pouvait croire n'être pas le fils de l'infortuné Charles VII. Pénétré de cette pensée, il entra un jour dans son oratoire particulier. Là, seul, n'ayant que Dieu pour témoin, il adressa du fond du cœur cette prière au souverain Maître des rois :

« Seigneur, si je suis le véritable héritier de la noble maison de France, et si ce royaume doit légitimement m'appartenir, veuillez, je vous conjure, me le conserver et le défendre contre les attaques de ses ennemis ; dans le cas contraire, je vous demande pour toute grâce d'échapper à la mort ou à la captivité, et de pouvoir me retirer en Espagne ou en Écosse, où j'espère trouver un refuge. »

C'est cette prière que Jeanne lui rapporta dans l'entretien qu'ils eurent ensemble. Jeanne mourut avec son secret. Charles VII, plus tard, quand il n'eut plus rien à craindre de ses ennemis, le révéla. — J.-J.-E. ROY.

11 *Page 44*. — Les Orléanais avaient construit sur le pont une redoute, appelée boulevard de la Belle-Croix, vis-à-vis du boulevard que les Anglais avaient élevé de ce côté des Tournelles.

12 *Page 45*. — Glacidas. — Sire Guillaume Gladesdale, commandant en chef les forts de la rive gauche de la Loire.

15 *Page 48*. — Les Anglais avaient élevé un grand nombre de bastilles et de forts autour d'Orléans. Voici les noms et la position de ceux mentionnés dans cet ouvrage :

RIVE DROITE DE LA LOIRE :

Saint-Loup.          Saint-Laurent.

RIVE GAUCHE :

Saint-Jean le-Blanc.          Les Tournelles.
Les Augustins.               Saint-Privé.

[14] *Page 58.* — Jean le Lorrain, surnommé maître Jean, très-habile canonnier, et très-redouté des Anglais. On le voyait toujours, lui et sa couleuvrine, au boulevard de la Belle-Croix, sur le pont d'Orléans. Aucun Anglais ne pouvait se montrer à découvert, aux meurtrières des Tournelles, sans que maître Jean ne le saluât d'un coup de sa couleuvrine, et maître Jean manquait rarement son but. Les Anglais le guettaient continuellement et auraient donné beaucoup pour en être débarrassés. Parfois, maître Jean se laissait choir comme s'il eût été frappé lui-même, et on l'emportait à la ville. Les Anglais, croyant l'avoir tué, s'en réjouissaient ; mais il revenait bientôt à l'embuscade, et de nouveaux coups leur prouvaient que maître Jean n'était pas mort. — H. WALLON.

[15] *Page 61.* — Comme on avait prévu ce qui allait arriver, on avait confié la garde de cette porte au seigneur de Gaucourt, grand maître de la maison du Roi, et l'un des chevaliers les plus célèbres de ce temps, par sa fermeté et son courage.

[16] *Page 80.* — Le droit des gens ne permettait pas à un prisonnier de reprendre les armes tant qu'il n'était pas quitte envers son maître. — H. MARTIN.

[17] *Page 87.* — Le château de Meung était fortifié et avait une garnison.

[18] *Page 88.* — Le comte Arthur de Richemont, frère du duc de Bretagne, reçut l'épée de connétable. Ce fut lui qui

donna La Trémouille au Roi pour favori. Mais dès que celui-ci fut en faveur, il fit disgracier Richemont.

¹⁹ *Page 96.* — Le comte de Salisbury mit le siége devant Orléans le 12 octobre 1428. Tandis qu'il examinait la place, du haut d'une tour du fort des Tournelles, un boulet, parti d'une des batteries de la ville, vint le frapper d'un coup mortel. Ce fut le comte de Suffolk qui le remplaça.

²⁰ *Page 104.* — Robert Le Masson, sire de Trèves, ancien chancelier, vieillard respectable par son grand âge, ses services, sa fidélité, sa prudence dans les conseils.

²¹ *Page 108.* — Frère Richard, fameux prédicateur, que le Régent avait banni de Paris et qui s'était retiré à Troyes.

²² *Page 110.* — Deux de ses frères faisaient avec elle cette campagne de 1429. Il n'en restait plus qu'un à Domremy.

²³ *Page 118.* — La Hire, qui jurait que Dieu le Père, s'il se faisait gendarme, se ferait pillard, et qui, en raison de cette confraternité, s'écriait (en son gascon), avant de se jeter dans la bataille : « Dieu, je te prie que tu fasses aujourd'hui pour La Hire autant que tu voudrais que **La Hire** fît pour toi, s'il était Dieu et que tu fusses La Hire. » — H. WALLON.

²⁴ *Page 153.* — Nos historiens sont loin d'être d'accord sur le nom du gentilhomme picard qui fit Jeanne d'Arc prisonnière. Il est tour à tour appelé le bâtard Lionel de *Vendôme, Wendomme, Wandomme, Vendonne, Wendonne,* et *Wandonne.* Nous avons préféré cette dernière forme du nom, parce qu'elle écarte toute possibilité de confusion avec Louis de Bourbon, comte de Vendôme, le noble com-

pagnon d'armes de la Pucelle. Nous avons, du reste, pour nous l'autorité de MM. Wallon, Vallet de Viriville, etc.

[25] *Page 179.* — Nicolas Loiseleur, chanoine de Rouen.

[26] *Page 197.* — L'Église avait canonisé sainte Marine ; qui prit et porta toute sa vie l'habit d'homme, pour demeurer dans un couvent de moines. — H. WALLON.

[27] *Page 198.* — Ce fut Nicole Midy, un des plus savants docteurs, qui en fit la rédaction : résumant les débats en douze articles qui, seuls, devaient servir au procès.

[28] *Page 212.* — La branche ne peut porter de fruit elle-même, si elle ne demeure sur la vigne. — H. WALLON.

[29] *Page 220.* — Le vice-inquisiteur, Jean Lemaistre.

[30] *Page 230.* — Pierre Maurice, un des assesseurs qui avaient le plus témoigné d'intérêt à Jeanne pendant les débats.

[31] *Page 255.* — Isabelle Romée, mère de Jeanne d'Arc.

# TABLE.




Nantes, imp. Vincent Forest et Émile Grimaud, pl. du Commerce, 4.